Samy Molcho

Umarme mich, aber rühr mich nicht an

Samy Molcho

Umarme mich,
aber rühr mich nicht an
nicht an

Körpersprache
der Beziehungen

Von Nähe und
Distanz

Mit Fotografien von Petra Hennemann

ARISTON

Penguin Random House Verlagsgruppe FSC® N001967

Bildnachweis:
Getty images S. 10/11, 38/39, 40, 42/43, 57, 65, 92, 182, 186

Bibliografische Information der Deutschen Bibliothek

Die Deutsche Bibliothek verzeichnet diese Publikation
in der Deutschen Nationalbibliografie; detaillierte bibliografische Daten
sind im Internet unter http://dnb.ddb.de abrufbar.

6. Auflage
© 2009 Ariston Verlag
in der Penguin Random House Verlagsgruppe GmbH
Neumarkter Str. 28, 81673 München

Umschlaggestaltung: Weiss/Zembsch/Partner/Werkstatt München
unter Verwendung eines Motivs von Poby
Satz: Satzwerk Huber, Germering
Druck und Bindung: CPI books GmbH, Leck
Printed in Germany

ISBN: 978-3-424-20001-0

Inhalt

Vorwort

Als Sie dieses Buch zur Hand genommen haben, geschah dies wahrscheinlich aus einem inneren Impuls von Neugierde oder auch in der Hoffnung, eine Antwort auf den ewigen Konflikt zwischen Nähe und Distanz zu erhalten. Die endgültige Antwort habe ich vielleicht auch nicht, hoffe aber, dass es mir gelungen ist, den richtigen Lichtschalter zu betätigen, damit dieses Lebensphänomen in hellerem Licht erscheint.

Zunächst geht es darum, zwischen einfachen geometrischen Messungen von Nähe und Entfernung von Gegenständen und der komplexen Welt der Gefühle zu unterscheiden, aus der sich die menschliche Beziehung von Nähe und Distanz definiert. Gefühle wirken nach innen und über unseren Körper nach außen und aktivieren ihn. Dementsprechend wirken unsere körpersprachlichen Signale wie Leuchttürme zur Orientierung in zwischenmenschlichen Beziehungen.

Anders als in meinen früheren Büchern, in denen ich hauptsächlich die äußeren Signale von Körpersprache beschrieben habe, führt der Weg dieses Buches von innen nach außen. Der Blick richtet sich also zuerst nach innen. Unser Alltag ist von diesem Pendelschlag zwischen innen und außen geprägt. Er bestimmt unsere Beziehung zwischen Innen- und Außenwelt, privat wie sozial, beruflich und in unseren eigenen Gedanken.

Wir bewegen uns ständig auf dieser Schaukel. Also schaukeln wir hier ein mal gemeinsam und genießen wir Spannung und Erleichterung, Höhen und Tiefen! Sie, liebe Leserin und lieber Leser, werden mir manchmal nahekommen und anschließend vielleicht auf Distanz gehen. Ganz wie im richtigen Leben auch hier im Buch, und zwar durch das Wort.

Ihr Samy Molcho

Einführung – Über Nähe und Distanz

Nähe und Distanz spielen eine entscheidende Rolle in unser aller Leben, unerschöpflich in ihren vielfältigen Wirkungen auf unser Gefühlsleben und in dessen körpersprachlichen Manifestationen.

Jeder von uns hat schon einmal den Wunsch empfunden, die Nähe eines Menschen zu suchen, den er bewundert, schätzt, liebt oder einfach schön findet. Wir haben dann das Gefühl, seine Weisheit, Stärke oder Schönheit strahle durch seine Nähe unmittelbar auf uns aus.

Wer kann sich nicht daran erinnern, wie er versucht hat, die Nähe der Eltern, des großen Bruders oder der älteren Schwester zu finden, die Nähe des Wortführers in seiner Clique oder, wenn es irgendwie möglich war, die Nähe des verehrten Popstars, jedenfalls in der ersten Reihe des Konzertsaals?

Im nächsten Augenblick kann uns der starke Wunsch nach Distanz überkommen, die Sehnsucht, uns endlich auf uns selbst zurückziehen zu können und allein zu sein. Das geschieht dann, wenn Menschen und Dinge uns einfach zu viel geworden sind, auch wenn es sich dabei um Eltern, Geschwister oder Freunde handelt. Wir möchten am liebsten einfach die Tür zuknallen, irgendwo spazieren gehen oder uns in eine Ecke unseres eigenen Zimmers verkriechen und niemanden hereinlassen. Alles das könnten wir eine natürliche Reaktion nennen, wenn es sich bei diesen Menschen um Feinde handelte. Aber wir lieben diese Leute doch! Was soll das Ganze also?

Die volkstümliche Redensart, die ich zum Titel dieses Buches gewählt habe, »Umarme mich, aber rühr mich nicht an«, spricht ja, ebenso wie die bekanntere Variante, »Wasch mich, aber mach mir den Pelz nicht nass«, ganz unzweideutig etwas Unmögliches aus. Genauso müsste es eigentlich mit dem Wunsch des Menschen nach Nähe und seinem gleichzeitigen Bedürfnis nach Distanz gehen.

Nähe und Distanz bezeichnen ja tatsächlich auf den ersten Blick einen Gegensatz, zwei einander entgegengesetzte Pole. Müsste man also nicht sagen, dass sie sich unter keinen Umständen miteinander vertragen? In Wahrheit jedoch bedingen sie einander: sie sind untrennbar miteinander verbunden wie die beiden Pole eines Magneten. Wir brauchen nur den richtigen Pol eines Magneten auszusuchen, um ihn mit einem anderen Magneten zu verbinden, und schon ziehen sich die beiden Magneten unwiderstehlich an. Wechseln wir die Pole, stoßen sie sich gegenseitig ab. Was bedeutet das?

Es bedeutet, dass wir beide Pole brauchen: Ohne Distanz keine Nähe, ohne Nähe keine Distanz. Wir sind auf diesen Dualismus angewiesen, weil ohne ihn keine Wahrnehmung möglich wäre. Er ist der Ursprung, der Beginn, die Voraussetzung jeder Wahrnehmung: Ohne Du gibt es kein Ich, ohne Nähe keine Ferne, ohne Höhe keine Tiefe. Die Unterscheidung

Hier scheint ein kleiner Mann sehr stolz darauf zu sein, an der Hand eines großen zu gehen. Sein Blick nach oben spricht von Bewunderung und dem sichtbaren Bewusstsein von Identifikation: »So möchte ich auch sein.«

»Das ist mein großer Bruder!« Auf ihn bin ich stolz. Neben ihm habe ich das Gefühl, auch stark zu sein.

macht die Wahrnehmung erst möglich: Was ist typisch für mich und nicht typisch für einen anderen? Wie erkenne ich Eigenarten von Menschen oder von Dingen? Nur durch ihre Unterschiedlichkeit, durch ihr Anderssein, auch wenn es nur in winzigen Nuancen sichtbar wird. Diese Abgrenzung voneinander ist notwendig, um sie unterscheiden und damit überhaupt erst erkennen zu können.

Indem ich mich abgrenze, nehme ich Distanz von den anderen: Identität und Individualität können nicht ohne Abgrenzung entstehen. Mehr als das: Ohne diesen Dualismus, ohne diese wahrgenommenen Unterschiede hören wir nicht, sehen wir nicht und fühlen wir nicht. Wie kann ich ein Gefühl wahrnehmen, ohne dass eine Veränderung meines Zustandes stattgefunden hat? Ohne Tonwechsel lässt sich keine Melodie wahrnehmen und keine Sprache erkennen, kein Geräusch identifizieren. Differenzierung und ihre Wiedererkennung verschafft die Erkenntnis der Dinge, und jede Differenzierung errichtet eine Distanz. Indem wir Menschen und Dinge miteinander vergleichen, können wir sie voneinander unterscheiden, den jüngeren Bruder vom älteren, den einen Freund vom anderen. Gäbe es die Unterschiede zwischen Menschen nicht, brauchte ich nicht mehrere, die auf mich einwirken, es würde mir ein einziger genügen. Zu der Differenzierung, die ich zwischen Mensch und Mensch treffen können muss, gesellt sich noch meine unterschiedliche Einstellung zu jedem Einzelnen. Auf beidem gründet sich die Qualität unserer Beziehung.

Gehen wir doch einmal zum Anfang aller Dinge zurück: Die ersten beiden Worte der Bibel, also des Alten Testaments, lauten in deutscher Übersetzung: »Am Anfang.« Und wo ein Anfang ist, gibt es ein Ende, nur wo ein Ende vorausgegangen ist, kann es überhaupt einen neuen Anfang geben. Im Hebräischen beginnt der Bibeltext mit dem Buchstaben B (Buchstaben sind im Hebräischen zugleich auch Zahlen, und somit steht der Buchstabe B für die Zahl 2). Theoretisch gesehen könnte der Text auch mit einem Wort beginnen, das ein A als ersten Buchstaben hat. A jedoch bedeutet Eins und Einheit, was vielleicht Gott heißen könnte, der keinen Anfang und kein Ende hat und daher für uns nicht fassbar ist. Wir können ihn nicht sehen, denn er bietet uns keine Unterscheidungsmerkmale. Für uns hat er eine Welt geschaffen, die mit der Zahl 2, das heißt mit einem Dualismus beginnt. Wir brauchen nur genau zu lesen. Was ist das Erste, das er geschaffen hat? Himmel und Erde (»Am Anfang schuf Gott Himmel und Erde«), also zwei unterschiedliche Dinge. Als Nächstes trennte er das Licht vom Dunkel (biblisch: »von der Finsternis«), danach Wasser vom Wasser und später wieder Land und Meer. Deutlicher lässt sich kaum demonstrieren, wie durch Trennung, d. h. Differenzierung, Wahrnehmung entsteht, und zwar von Urbeginn an. Verfolgen wir diesen Gedanken ein wenig weiter bis zur Erschaffung des Menschen, machen wir eine interessante Entdeckung. Zu Anfang schuf Gott demnach den Menschen, Mann und Frau, als Einheit. Doch konnten sie einander so nicht wahrnehmen. Hier findet sich die einzige Stelle in der Schöpfungsgeschichte, an der Gott sich sagt, dass etwas nicht gut ist, so wie er es schuf. In allen anderen Fällen sah Gott, »dass es gut war«, was er geschaffen hatte. Hier auf einmal sagt er: »Nein, es ist nicht gut« (biblisch: »Es ist nicht gut, dass der Mensch allein sei; ich will ihm eine Gehilfin machen, die um ihn sei.«). Er trifft diese Entscheidung, als er den Menschen allein sieht. Daraufhin versenkt er sein Geschöpf in Schlaf und trennt die bis dahin vereinten Wesen, das weibliche vom männlichen, und setzt es ihm gegenüber, und zwar als einen Kontrast: nicht neben oder hinter ihn, sondern ihm gegenüber. Auf diese Weise, so könnte man sagen, entstand noch während des Schöpfungsprozesses die Sehnsucht nach Nähe und die Notwendigkeit von Distanz. Die Vereinigung von Mann und Frau, das Schönste, was sich ereignen kann, entsteht in den Augenblicken, in denen sie ihr Ego aufgeben und sich miteinander verbinden, sodass es von ihnen heißen kann, wie geschrieben steht: »und sie wurden ein Fleisch.«

In dem Moment aber, in dem sie wieder zu ihrem eigenen Ich, zu ihrer eigenen Person zurückfinden wollen, müssen sie sich voneinander distanzieren. Nur durch Distanz bewahren wir unsere Identität, unsere Eigenart. Distanzierung findet aber auch in uns selbst statt. Es kommt darauf an, ob wir uns auf einen ganz bestimmten Teil unseres Körpers konzentrieren. Fixiere ich meine Aufmerksamkeit ausschließlich auf einen Körperteil, beispielsweise auf eine Hand, werde ich nach geraumer Zeit feststellen, dass ich meine Beine oder andere Körperteile momentan gar nicht wahrgenommen habe. Konzentriere ich mich ganz auf meine Füße, werde ich bald nichts anderes, nicht meine Hände, nicht meine Augen und auch nicht mein Herz spüren. Lege ich meine Hand auf einen Tisch, kann ich entweder die Härte der Tischplatte wahrnehmen oder die Empfindung meiner Hand spüren. Alle diese Beispiele laufen auf eines hinaus: Wollen wir erfahren, wie die Dinge wirklich sind, müssen wir uns von allem anderen distanzieren. Manchmal ist es notwendig, einen Schritt zurückzutreten, um ein Bild vollständig vor Augen zu haben.

In der Verschmelzung von Mann und Frau, von Ich und Du, geht die jeweils eigene Identität verloren, aber gemeinsam erschaffen wir etwas neues: ein Wir. Dieses Wir ist eine Einheit, vereint aus Du und Ich, und darin spiegelt sich das kosmische Prinzip wider, in dem sich die getrennten Elemente zu einem neuen vereinigen. Nehmen wir als Beispiel das Wasser, ein Element, entstanden aus den getrennten Elementen Wasserstoff und Sauerstoff, genau gesagt, zwei Teilen Wasserstoff und einem Teil Sauerstoff. Die beiden einzelnen Elemente lassen sich als Gase, die sie ursprünglich waren, von uns nicht mehr unterscheiden. Sie bilden gemeinsam ein neues Wir, ein Element, das wir Wasser nennen. Um die ursprünglichen Elemente wiedererkennen zu können, müssten sie aus dem neuen Zusammenhang gelöst, also getrennt werden.

Der Prozess einer solchen Verschmelzung, aus der etwas Neues erschaffen wird, gleicht wiederum einer kreativen Entwicklung. Wir sehen daraus, dass jede neue Schöpfung einer Vereinigung von vorher Getrenntem bedarf. Statt Distanz brauchen wir nun die Nähe. Diese Nähe ermöglicht durch Fusion das Entstehen von Neuem. Es können zwei Elemente sein, die sich vereinigen, es können aber auch unbegrenzt viele Elemente zur Fusion gebracht werden. Auf diese Weise entstehen Gruppen, entstehen Atome, entstehen Strukturen. Aus der Fusion von Elementen ist der gesamte Kosmos gebaut. Dem allen liegt ein Austausch zugrunde. Elemente verändern sich durch Verlust und Zuwachs. Es ist ein unendlicher dynamischer Prozess von Geben und Nehmen. Das Leben selbst ist diesem Austausch zu verdanken, dieser Fusion von Elementen untereinander.

Natürlich existiert auch im kosmischen Prozess ein einseitiges Nehmen, das sich zerstörerisch auswirkt. Einzelne Elemente gehen dabei einfach verloren. Vielleicht aber ist auch dieser Vorgang nicht umsonst, weil ihr Verschwinden dem zurückbleibenden Element erlaubt, größer zu werden oder sich mit wieder anderen Elementen anzureichern. Das Ideal jedoch bleibt die Balance zwischen zwei oder mehreren Elementen, mit der die Einseitigkeit überwunden wird.

Was für den Kosmos gilt, trifft genauso für die Menschenwelt zu. Auch wir leben in einem Beziehungsnetz sich anziehender und abstoßender Elemente. Kinder verlassen Vater und Mutter und gründen ihre eigenen Familien, und wir bilden Großfamilien, Gesellschaften, Vereine und vielleicht sogar Völker. Innerhalb eines jeden dieser neu begründeten »Wir«, dieser neuen Systeme, entsteht ein Austausch unter seinen Einzelteilen. Sie werden verstärkt oder für ganz neue Aufgaben fit gemacht, die für das System von Nutzen sind. Damit wiederum wird die Effektivität der Teile und des Ganzen verstärkt.

Wir sind aufeinander angewiesen, auf den Austausch miteinander. So ist es zwischen einzelnen Menschen, so ist es auch zwischen Gruppen, und

genauso ist es in uns selbst, in unserem eigenen körperlichen und seelischen System. Wir sollten nicht gegeneinander kämpfen, sondern miteinander die Balance suchen, die Balance zwischen Nähe und Distanz: der
Verkäufer mit dem Käufer, der Produzent mit seinem Auftraggeber, der
Chef mit der Sekretärin, der Liebhaber mit der Geliebten. Wenn sich alle
daran hielten, würde viel Zeit und Energie eingespart, die sonst so oft für
gegenseitige Vorwürfe, für Misstrauen und Streit verschwendet werden.
Vielleicht sollten wir uns tatsächlich bemühen, einander zu dienen, zum
Wohl aller. Das hielte den dynamischen Prozess des Austauschs in Gang,
ohne zu stocken. Im Sinne dieses Austauschs befinden wir uns alle in
einem Netz, in dem jeder jeden braucht, ganz abgesehen davon, dass dieses
Netz seinerseits von einem höchst delikaten ökologischen System in
Balance gehalten wird. Wir können uns, wie schon erwähnt, ganz auf eine
einzige Sache konzentrieren, ihr unsere gesamte Energie widmen. Alles
andere muss sich mit weniger Energie begnügen, solange jene Sache alle
Konzentration beansprucht. Wir schalten aber wieder um, verringern den
Energiezustrom auf diese Hauptsache, erreichen einen Energieausgleich
und damit einen ruhigeren Bewusstseinsfluss.

Die große Komplexität des Menschen liegt in seinem Bewusstsein begründet. Unser Geist erlaubt uns, die Vielfalt der Welt zu erkennen: Ich
erkenne eine Idee, und ich erkenne sie daran, dass sie sich von einer anderen unterscheidet. Ich weiß, dass ich denke, weil ich zwischen dem zu dif-
ferenzieren vermag, was ich denke, und dem, was ich nicht denke, weil ich
meinen Gedanken von dem eines anderen unterscheiden kann.

Ich kann begreifen, dass meine Empfindungen stets aus einem Geschehen resultieren: eine Veränderung hat stattgefunden. Verändert sich nichts,
ist Stillstand eingetreten. Empfindungen, Emotionen, Gefühle sind eine
Antwort auf Veränderung. Unser Geist, oder sagen wir vielleicht besser:
unser Vorstellungsvermögen ermöglicht es uns, Wünsche oder Träume
bewusst zu machen. Deshalb hängt die Qualität unseres Austauschs mit
der Welt von unserer subjektiven Einstellung zu den Dingen ab.

Um Nähe, eine Verschmelzung mit etwas Fremdem, zu erreichen, muss
ich bereit sein, meine Grenzen zu öffnen. Kann ich das dazu notwendige
Vertrauen in den anderen nicht aufbringen, wird es nie zu einer produk-
tiven Gemeinschaft kommen. Das Gleiche gilt für neue Ideen, die von
außen an uns herangetragen werden. Wir dürfen uns ihnen nicht versper-

ren, nur weil wir eine andere Vorstellung entwickelt haben. Es gilt vielmehr unvoreingenommen zu prüfen, welche neuen Möglichkeiten in der fremden Idee stecken könnten, und erst wenn wir feststellen sollten, dass keine verwertbaren Vorschläge vorhanden sind, können wir die Idee verwerfen und auf Distanz gehen. Eines sollten wir jedenfalls stets im Auge behalten: Vorurteile und Klischees stehen dem Neuen immer im Wege. Das fängt bei Äußerlichkeiten an, mit denen wir uns gar nicht aufhalten sollten, wie blond oder rot oder dick und dünn. Nicht anders ergeht es uns in unserer Arbeitswelt. Natürlich sollten wir unseren Vorstellungen folgen, wenn wir eine Idee haben. Bleiben wir jedoch gleichzeitig für Anregungen offen, die uns von außen zufliegen, können wir von der Erkenntnis überrascht werden, dass unser Glück und unser Erfolg auf ganz anderen Gebieten liegen. Was wie ein Zufall aussieht, erwächst uns tatsächlich aus unserer Offenheit für das Neue. Diese Bereitschaft dient unserem eigenen Wachstum, denn sie bedeutet, dass wir uns das Fremde aneignen und dass es ein Teil von uns selbst werden kann, wenn es sich als endgültig brauchbar für uns erweist. Tut es das nicht, werden wir es wieder abstoßen und ihm gegenüber eine neue Distanz errichten. Ist es uns dienlich, werden wir uns mit ihm verbinden, solange sich das Bedürfnis danach erhält. Sättigung erzwingt mit der Zeit einen Widerstand und der wiederum macht die Trennung unvermeidlich.

Unsere Doppelnatur aus Körper und Geist bleibt selbstverständlich unauflösbar. Zu trennen ist sie höchstens provisorisch, indem ich, wie schon erwähnt, den Fokus meiner Konzentration auf eine der beiden Seiten meiner Natur über Wünsche, Gedanken oder Ideen so intensiv verstärke, dass ich meinen Körper vergesse, oder umgekehrt, dass physisches Geschehen mich so weit überwältigt, dass es meine Gedanken blockiert und damit auf Distanz hält. So viel ist klar: Jede Grenze bedeutet Distanz statt Nähe.

Interessanter aber ist die Frage: Wann brauchen wir geistige Nähe und wann physische? Beide, so scheint es mir, füttern einander. Denn ohne Gefühle, also wenn das Gefühlszentrum ausgeschaltet ist – das haben wissenschaftliche Untersuchungen erwiesen –, können wir auch nicht denken.

Der ausführende Teil des Denkprozesses ist der Körper. Beim Denken, beim Träumen ist immer der Körper das ausführende Organ, und nur in der Verbindung mit ihm geben die Gedanken und Träume ihren Sinn preis.

Unsere Gefühle geben die Werte vor. Die Unterscheidung heißt »angenehm« oder »nicht angenehm«, worauf dann »gut« oder »schlecht« basieren. Das eine beruft die Nähe, das andere die Distanz. Die Balance zwischen beiden ist ein altes Menschheitsspiel.

Um diesen ewigen Tanz zwischen Nähe und Distanz: »Ich will, will nicht. Ich brauche, brauche nicht«, zu verstehen, benötigen wir eine tiefere Einsicht in all das, was wir unter den Begriffen Gefühl oder Emotion subsumieren.

Was bedeuten unsere Gefühle?

Was ist die Funktion von Gefühl in unserem Körper? Eines setze ich als gegeben voraus: Alles, was mich nicht berührt, lässt mich Gleichgültigkeit empfinden. Bin ich gleichgültig, bewege ich mich nicht, denn es gibt keinen Anlass dafür. Werde ich dagegen von irgendetwas berührt, geschieht etwas in mir. Ein Geschehen, das mich weder berührt noch stimuliert, bleibt draußen. Es wird mir nicht zum Erlebnis und prägt sich deshalb auch nicht ein. Ein Geschehen dagegen, das mich berührt, stimuliert mich und führt damit automatisch zu einer Aktion. Von der Wichtigkeit, die ich dem Geschehen zumesse, hängt die Intensität ab, mit der ich es erlebe. Die Intensivierung des Erlebnisses an sich aktiviert auch meine Energie. Die Stärke der energetischen Aktivierung ist subjektiv gesteuert, verändert sich von Person zu Person, je nachdem, wie stark das Geschehen von dem einen oder dem anderen erlebt wird und wie hoch es in seiner Wichtigkeit bewertet wird. So kann die Stärke der persönlichen Stimulierung durch ein gleichartiges Geschehen ganz unterschiedlich ausfallen. Dazu ein Beispiel aus dem Alltag: Ein kleiner Junge liebt es, Fußball zu spielen. Er wird problemlos Energien mobilisieren, um an einem Spiel teilzunehmen, obwohl er zwei Minuten vorher seiner Mutter erklärt hatte, zu müde zu sein, um seine Schulaufgaben zu erledigen. Uns allen geht es ganz genauso, in welchem Alter wir auch stehen: Unsere Müdigkeit verschwindet wie durch Zauber, wenn wir durch einen geliebten Menschen zu etwas animiert werden, das uns Spaß zu machen verspricht. Dagegen macht uns

Ein Bild, zwei Reaktionen: Er geht auf Distanz, neigt sich zurück, der Blick zeugt von Missfallen. Die Partnerin ist ganz zugewandt und lächelt, weil ihr das Bild gefällt.

der tägliche Zwang zu ungeliebten Tätigkeiten nicht nur müde, sondern wirkt sich durch Energieverlust auch auf unser Immunsystem aus und macht uns krank.

Gefühl ist also etwas, das uns zur Aktivität zwingt. Es erweist sich als notwendig. Angstgefühle zum Beispiel aktivieren den Körper auf der Stelle entweder zum Wegrennen oder zum Kämpfen. Freudige Gefühle oder Gefühle von Genuss animieren dazu, sich den Quellen dieser Gefühle zu nähern, dazu, die Verbindung zu ihnen zu suchen, um an der Freude oder an dem Genuss teilzuhaben.

Gefühle des Ekels, des Widerwillens provozieren ein Zurückweichen. Die Muskeln spannen sich in beginnender Fluchtreaktion an. Wir entziehen uns den Verhältnissen, die uns nicht gefallen, wir schaffen also wiederum Distanz.

Nicht das Denken oder das pure Wissen schafft die Stimulanz; es sind die Gefühle, die unsere Einstellung zu den Dingen und Erscheinungen unserer Welt bestimmen. Diese Einstellung kann mit Assoziationen oder früheren Erlebnissen zusammenhängen, die wir mit der entsprechenden Situation in Verbindung bringen. Berührt uns etwas, aktiviert sich der Körper. Denken allein ohne Beziehung zu körperlichen Reaktionen bleibt eine unfruchtbare Bemühung.

Wörter, Begriffe und ihre tiefere Bedeutung

Wörter wie »Gefühl« oder »Emotion« besitzen in verschiedenen Sprachen unterschiedliche Bedeutung. Im Deutschen ist das Wort »Gefühl« vorrangig positiv besetzt, selten hören wir es in einem negativen Sinn. Ein »Gefühlsmensch« scheint uns in den meisten Fällen eher ein guter als ein schlechter Mensch zu sein. Das aus dem Lateinischen stammende Fremdwort »Emotion« (emovere) dagegen verbinden wir häufiger mit einer negativen Komponente: »Sei nicht so emotional!« oder: »Das sind doch alles nur Emotionen!« Emotion bedeutet den meisten von uns die Intensivierung einer an sich schon starken Reaktion, und eine übertriebene Aktivierung von Energie wird in einer geordneten Gesellschaft eher als negativ verstanden. Im Englischen wird »emotion« unter positiven wie negativen Aspekten gesehen, während das Wort »feeling«, wie auch als neudeutsches Leihwort, allein im positiven Sinn gebraucht wird, es sei denn, es ist ausdrücklich von »bad feelings« die Rede. Immer jedoch bedeutet Emotion Bewegung. Auch das Französische kennt die »émotion« als Ausdruck starken Gefühls, während dem deutschen Gefühlsausdruck eher das »sentiment« in vielerlei Variationen entspricht, von den »beaux sentiments« bis zu den »sentiments douloureux«.

Von den Emotionen zur Aktivität: Situationen, die uns stimulieren, erzeugen körperliche Veränderungen, die wir als Emotion empfinden. Dabei handelt es sich aber nicht allein um eine physische Reaktion, nur weil das Gesamtsystem in Bewegung gerät. Um in Angst versetzt weglaufen zu können, muss ich mich zuallererst nach einem Fluchtweg umsehen: In welche Richtung will ich fliehen, wo habe ich eine Chance zu entkommen? Oder wäre es klüger, sich zu verstecken? In Bruchteilen von Sekunden habe ich meine Möglichkeiten abzuschätzen. Das Gleiche gilt bei der Entscheidung zu kämpfen. Welche Taktik kann zum Erfolg führen? Wo ist mein Gegner? Wie stark wird er sein? Alle diese Denkprozesse laufen in Sekundenschnelle ab, kaum dass sie in meinem Bewusstsein haften bleiben. Konzentriert sich mein Augenmerk in einer solchen Ausnahmesituation allein auf die körperlichen Reaktionen, auf die zitternden Knie, das mulmige Gefühl im Magen, den Angstschweiß auf der Stirn, werde ich blind für die Außenwelt und bin außerstande, Entscheidungen zu treffen. Eine Blockade tritt ein, und schon befinde ich mich in einem Krampfzustand.

Es geht immer wieder darum, dass Körper und Geist zu einer konzertierten Aktion stimuliert werden. Ich habe Hunger, fühle und höre meinen knurrenden Magen, streiche mit der Hand über die Magengegend und bin ganz darin vertieft, dem Knurren des Magens zuzuhören. Konzentrierten wir uns allein auf dieses physische Geschehen, würden wir irgendwann den Hunger vergessen und den Drang verlieren, nach Nahrung zu suchen. Das Signal »Hunger« aktiviert jedoch immer auch meinen Geist, meinen Blick, mein Nervensystem. Der Impuls, den wir von einem Gefühl empfangen, erweckt nämlich immer auch ein Ziel in unserem Kopf, das es zu erreichen gilt. Ich werde also nach etwas suchen, womit ich meinen Hunger stillen, mein Gefühl befriedigen kann.

Gedanken und Empfindungen

Gefühle und Gedanken sind aufs Engste miteinander verbunden, da Gedanken auf Prägungen basieren, die auf Erfahrungen beruhen, auf Stimulierungen, die wir durch unsere primären Instinkte und Gefühle erlebt haben. Dass Gedanken in der Folge kombinieren, abstrahieren und virtuelle Kombinationen bilden können, geht stets auf die von uns gemachten Erfahrungen zurück. Ich habe von einem wissenschaftlichen Experiment gehört, in dem versucht wurde, das Gefühlszentrum eines Menschen auszuschalten, und das Ergebnis war, dass auch die Gedanken verschwunden sind. Sie entstehen nämlich in erster Linie durch das Abrufen von Situationen und Bildern und kreieren daraufhin durch Kombination und Fantasie neue Bilder und neue Situationen. Solange unsere Gedanken uns nicht berühren, das heißt, wenn sie nicht mit Gefühlen verbunden sind, bleiben sie kalt und sozusagen statisch, als ob sie sich außerhalb von uns befänden. Sie bringen uns nicht in Bewegung. Verbinden sich unsere Gedanken dagegen mit assoziativen Gefühlen, mit unseren frühen Erfahrungen, aktivieren sie in uns Aktionen, Stellungnahmen, den Wunsch zu verharren oder, im Gegenteil, uns zu entfernen. Und da unser Denken uns befähigt, Gefühle zu stimulieren und Bilder zu produzieren, können wir unsere Gedanken benutzen, derzeit faktisch unerfüllbare Erwartungen und Wünsche in unserem Gehirn durch Bilder zu befriedigen. Befürchtungen und Ängste, die durch Früherfahrungen stimuliert werden, können durch solche gedanklich produzierten Bilder natürlich auch bedrohlich gesteigert werden, und die Angst, den Wunsch wegzulaufen, Distanz zu gewinnen, potenzieren. Es fällt oft gar nicht leicht zu entscheiden, welche Gefühlsassoziationen uns dazu bringen, einen Menschen auf Anhieb als sympathisch oder unsympathisch, eine Situation als bedrohlich oder vertrauenerweckend zu empfinden. In jedem Fall kann der Austausch zwischen unseren Gedanken und Gefühlen auf der einen Seite und der Realität auf der anderen uns auch in die Irre führen. So verschönert das Gefühl des Verliebtseins die Realität. Überhaupt kann unser Gefühl die Realität färben. Wir können die Welt, wie man sagt, durch eine rosarote Brille sehen, genauso wie wir alles schwarz sehen können. Dann verkrampfen meine Muskeln, ich möchte nur noch verschwinden. Nehme ich jedoch das in diesem Fall negative Gefühl mit, komme ich von mir selbst nicht los und ich gerate in Stress.

Dieses Pendeln zwischen Realität und Vorstellung verwirrt uns gelegentlich. Menschen, die wir geschätzt haben, weil wir Qualitäten in ihnen gesehen haben, die sie in der Realität gar nicht besitzen, und deren Nähe wir aber deshalb gesucht haben, müssen uns enttäuschen. Wir gehen auf Distanz in dem Gefühl, von ihnen betrogen worden zu sein. Dabei haben wir uns nur selbst getäuscht durch unsere falschen Projektionen. Es kommt allerdings auch vor, dass wir von Menschen angenehm enttäuscht werden. Dazu bedarf es auf unserer Seite einer guten Portion Neugier, um Bedenken und Ängste zu überwinden und Neues zu entdecken. Der Schatten des Berges ist stets viel bedrohlicher als der Berg selbst. Gelingt es uns, unsere Vorbehalte beiseitezuschieben und uns dem Fremden mit Offenheit zu nähern, dann schaffen wir auch Nähe, die diese Fremdheit überwindet.

Auch Sprache definiert Nähe und Distanz

Genauso wie unser Körper deutlich von Nähe und Distanz im Umgang miteinander spricht, setzen wir als Wesen von Intellekt und Abstraktion auch verbal Signale von Entfernung und Annäherung. Jeder Kulturkreis hat dafür seinen eignen Sprachkodex entwickelt. Die Sprache ritualisiert Formen des sozialen Verhaltens. Sozial gleichgestellte Personen werden im täglichen Miteinander, zum Beispiel im deutschen Sprachraum und genauso im französischen, das vertraute Du (tu) benutzen. Die Anrede »du« schafft Nähe, die Anrede »Sie« (vous) dagegen Distanz. Im Englischen existiert der Unterschied nicht. Hier ist es üblich, auch nicht sehr vertraute Partner mit dem Vornamen anzusprechen. Daraus wurde im Deutschen die Variante, das distanzierte »Sie« mit dem Vornamen zu verbinden. Dies ist inzwischen eine unter Kollegen einer Firma beliebte und probate Art, Nähe und Distanz zugleich auszudrücken. Solange wir einander mit dem Familiennamen und »Sie« ansprechen, bleibt die Distanz ungeschmälert erhalten. Sie kann sich durch die Anwendung von Titeln vergrößern. Titel sprechen unverblümt von hierarchischem Gefälle. Titulieren wir unser jeweiliges Gegenüber mit »Herr Doktor« oder zum Beispiel mit »Herr Generaldirektor«, schaffen wir einen deutlichen Abstand. Zwei Generaldirektoren, die auf Augenhöhe miteinander reden, würden sich niemals mit »Herr Generaldirektor« anreden. »Doktor« und »Doktor« werden es mit der Anrede »Herr Kollege« bewenden lassen, und sie erreichen damit eine gewisse, wenn auch immer noch kühle Nähe. Jedenfalls ist die symmetrische Balance hergestellt. Asymmetrisch wird das Verhältnis sofort wieder zwischen dem »Herrn Doktor« und seinen Helferinnen. Denn ganz selbstverständlich wird der Arzt den Vornamen der Mitarbeiterin benutzen, sie aber mit dem Titel antworten. Für den Patienten existiert dem »Herrn Doktor« gegenüber eine gewisse Möglichkeit, die Distanz, die der Titel hervorruft, ein wenig abzuschwächen, in dem er den Arzt nicht allein mit dem Titel, also »Herr Doktor« anspricht, sondern den individuellen Namen des Arztes hinzufügt. Es macht nämlich einen Unterschied, ob der beinahe anonyme Titel die Anrede ausmacht oder ob der Eigenname, also Herr Doktor Meier, Schmidt oder Schulze, einen gewissen Grad der Vertrautheit herstellt. Es ist wie immer: Was wir benennen können, macht uns weniger Angst.

Auch gleicher Status erlaubt nicht immer eine zu große Vertraulichkeit. Er überschreitet die Distanz, sie zieht sich mit dem Kinn zurück, konfrontiert ihn aber mit den Augen: »Ich gebe nicht nach, aber du bist mir zu nahe.«

Dennoch bleibt festzuhalten, dass man sich in Ämtern, Arztpraxen oder Firmen von oben nach unten leichter tut, sich Nähe zu erlauben, als umgekehrt.

Gleicher gesellschaftlicher Status erzeugt ähnliche Interessen und erleichtert auf diese Weise größere Nähe. Es entsteht eine gewisse Solidarität untereinander, und das heißt, dass sich die Angehörigen ein und derselben Schicht auch gegenseitig stützen und ihre gemeinsamen Interessen schützen können.

Im privaten Umgang miteinander, je nachdem, wie weit unser Wunsch nach Nähe gediehen ist, hängt viel davon ab, wie schnell wir eine Statusgleichheit erreichen können bzw. wie gut es uns gelingt, bestehende Sprachbarrieren abzubauen. Ein akademisch gebildeter Mensch, der Distanz zu halten wünscht, wird sich gern mit Fremdwörtern ausdrücken, wird vielleicht nicht von »Verstehen«, sondern von »kognitiver Akzeptanz« sprechen. Durch sein anspruchsvolleres Vokabular versucht er, sich Distanz zu verschaffen, was ihm auch meist gelingen wird. Aber was kann er tun, wenn es ihn doch eigentlich nach Nähe verlangt?

Jede Sprachnuance, ob Hochsprache, Dialekt oder Slang, kann Nähe oder Distanz herbeiführen. Ganz ähnlich verhält es sich mit Dialekten. Zwei Menschen, die denselben Dialekt sprechen, besitzen auch den gleichen Sprachrhythmus und damit stellt sich sofort Nähe ein. Umgekehrt werden zwei Menschen, von denen der eine hochdeutsch spricht und der andere Dialekt, mit einer Distanz umgehen müssen.

Wenn wir also die Nähe eines anderen suchen, dessen Ausdrucksweise uns fremd ist, werden wir versuchen müssen, unser gewohntes Vokabular aufzugeben, um uns auf seine Sprachebene einlassen zu können. Jede Populärwissenschaft macht nichts anderes, als einen Wissensstoff allgemein verständlich darzustellen. Sie nähert sich dem Normalleser, dem normalen Konsumenten, anstatt sich auf ein Fachpublikum zu beschränken, und zwar in einer Sprache, die eben nicht nur der Akademiker oder Fachmann verstehen kann.

Nähe und Distanz in der gesellschaftlichen Ritualisierung fand sich im alten Österreich auch im sogenannten Schönbrunner Deutsch, das sich von der Volkssprache durch den nasalen Tonfall unterschied. Es war die Sprache des österreichischen Adels, der sich auf diese klangtypische Variante vom gemeinen Volk abzuheben beliebte.

Überall in der Welt aber galt seit jeher die Benutzung einer Fremdsprache als soziales Unterscheidungsmerkmal. In Molières Komödien sprechen jene Figuren, die sich etwas auf ihre Bildung einbildeten, Latein. Im ganzen deutschen Sprachraum war bis weit ins 19. Jahrhundert hinein das Französische die Sprache der gebildeten Kreise, die sich auf diese Weise vom gewöhnlichen Volk abzuheben suchten, das meist gar nicht die Gelegenheit hatte, Fremdsprachen zu erlernen. Heute zeichnet das Englische den Mann und die Frau von Welt aus, und ein paar englische Sprachbrocken, ironisch auch Neudeutsch genannt, genügen oft, um die Überlegenheit des weltgewandten Managers gegenüber einem hoffnungslos rückständigen Mitmenschen zu demonstrieren.

Von nächster Nähe und erster Erfahrung von Distanz

Durch die Vereinigung von Mann und Frau, durch den Liebesakt, bei dem zwei Menschen vollständig miteinander verschmelzen, entsteht ein neues Leben. Der Mann zieht sich zurück, die Frau wird durch das neue Element, das in ihr wächst, dieses Leben hervorbringen. Es ist ein Teil von ihr, indem sie sich emotional an dieses Element, den Fötus, bindet. Gleichzeitig ist dieses heranwachsende Leben aber auch für sich zu sehen – als Individuum, getrennt von der Mutter. Neun Monate sind eine lange Zeit. Die werdende Mutter geht in dieser Zeit durch viele Erlebnisse, positive wie negative. Veränderungen im Körper sind stets auch Veränderungen des Gefühls und durch Veränderungen des Gefühls werden innere Bewegungen stimuliert. Die Bindung der Mutter an das werdende Leben in ihr nimmt ständig zu, bis zu dem Moment, in dem die Trennung unvermeidlich wird. Im Augenblick der Geburt wird die gewachsene Nähe zur Distanz. Von der Mutter wird diese Trennung durchaus auch als schmerzlich empfunden. Zwar stehen auf der einen Seite Freude und Erleichterung darüber, das neue Leben ans Licht der Welt gebracht zu haben, denn natürlich war auch immer die Neugier wach: Wie sieht es aus, das kleine Geschöpf, das in mir wächst. Und die bange Frage, ob es gesund sein wird, lässt sich nie verdrängen. Das alles löst sich nun in Freude auf. Zugleich aber wird der Mutter bewusst, dass sie in diesem Moment ein Stück von sich selbst verliert. Die Trennung ist unumkehrbar.

Ein neues eigenes Ich ist geboren. Und dieses neue Ich beginnt sofort damit, sich selbst wahrzunehmen. Noch kennt es allerdings nur ein Bedürfnis, nämlich das Verlangen nach Wärme. Zum Trost der Mutter sucht es diese Wärme bei ihr, nur sie kann sein Bedürfnis stillen. Die Mutter nimmt das Neugeborene und wärmt es mit ihrer eigenen Haut. Diese Nähe entspringt einem Ur-Prinzip aus einer Vorzeit, in der es keine Häuser und keine Öfen gab, in der die Körperwärme, das gegenseitige Sich-Wärmen von Mutter und Kind, die erste Überlebenschance bedeutete.

Die Mutter hält ihren kleinen Sohn an ihrem Körper. Hautkontakt ist eines der wichtigsten Elemente, auch für spätere zwischenmenschlichen Wärme. Ohne ihn verkümmern wir.

Wenn wir von menschlicher Wärme sprechen, meinen wir natürlich nicht die reine Körperwärme, sondern die Zuneigung, die uns von einem anderen entgegengebracht wird oder die wir ihm gewähren. Doch natürlich bezieht der Begriff seinen Sinn aus der ursprünglichen Körperfunktion. Das entspricht auch dem Begriff der menschlichen Kälte, auch wenn wir darin vor allem die Weigerung sehen, Zuneigung und Interesse am anderen zu beweisen. Menschliche Kälte würde das Kind frühestens dann erfahren, wenn die Mutter ihm keine Wärme mehr spenden kann und andere sie ihm versagen. Dann bliebe das neue Ich allein und beziehungslos. Ohne jede Beziehung jedoch kann der Mensch nicht überleben, ohne Beziehung zu anderen verfiele der Mensch in Gleichgültigkeit allem gegenüber, was ihn umgibt, und würde langsam umkommen.

Das Bedürfnis nach Nahrung ist die zweite dringende Notwendigkeit, die der kleine Erdenbürger anmeldet. Hunger löst einen unserer stärksten Instinkte aus. Das Neugeborene beginnt nach der Nahrungsquelle zu suchen. Seine Augen werden beweglich, das Köpfchen bewegt sich, bis es die Brust der Mutter gefunden hat und zu saugen beginnt. Instinktiv wird ihm das Saugen zur zweiten Natur, denn die Erfahrung, dass es auf diese Weise Wohlgefühl und Befriedigung erfahren hat, hat sich ihm tief eingeprägt.

Als nächste Phase folgt die Entdeckung des eigenen Körpers. Die Augen sehen die Bewegung der Glieder, und ganz von selbst entsteht die Lust, nach ihnen zu greifen. Noch kann der Säugling nicht unterscheiden, was sich da bewegt, ob es zu ihm gehört oder nicht. Nur die Bewegung an sich weckt seine Neugier. Es beginnt ein Spiel, das zur Unterscheidung zwischen angenehmen und unangenehmen Berührungen führt. Die Beschäftigung mit sich selbst ist der erste Schritt der Entwicklung des eigenen Ich. Das Baby greift nun nach allem, was seine Neugier reizt, grundsätzlich auf der Suche nach etwas, das ihm Genuss verspricht. Wird ein Objekt, das seine Neugier und Begehrlichkeit erweckt, aus seiner Nähe gerückt, fängt es an zu weinen, ganz genauso, wie es sein Bedürfnis nach Essen und Trinken signalisieren würde. Die Neugier ist ebenso stark, wie Hunger und Durst es sind.

Entdeckungsreisen – Die Kindheit

Je größere Möglichkeiten dem Kind eingeräumt werden, Entdeckungen zu machen, Neugier zu entwickeln, umso schneller wird seine Entwicklung zur Selbstständigkeit voranschreiten. Wird das Kind zu gut versorgt, das heißt, so vollständig versorgt, dass es keiner eigenen Entdeckungen mehr bedarf, wird es in Abhängigkeit verharren. Das Kind wird die sorgende Mutter für einen Teil seiner selbst halten, was eine Trennung von der Versorgerin immer schwieriger machen wird. Es kann sogar so weit führen, dass es in seinem späteren Leben in seinen Partnern stets von Neuem nur den Versorger sucht und sich nur zu gern in Abhängigkeit begibt.

Ob ein Kind sich für seine Umwelt interessiert, lässt sich von seinen Augen ablesen. Sein Blick richtet sich auf den Gegenstand seines Interesses, und bald greift es mit den Händen danach. Da Mund und Zunge im ersten Kindesalter die am weitesten entwickelten Sinnesorgane sind, steckt das Kind alles in den Mund. Das hat es beim ersten und wichtigsten Interesse, das es erfahren hat, dem Bedürfnis nach Nahrung, gelernt. Verliert das Kind sein anfängliches Interesse, lässt es das eben noch begehrte Objekt fallen, nimmt auf diese Weise Distanz zu ihm und wendet sich einem neuen Ziel zu oder beginnt, sich mit sich selbst zu beschäftigen. Ermüdet sein Initiativdrang, trübt sich sein Blick. Es zieht sich in sich selbst zurück.

Uns Erwachsenen geht es ja nicht anders. Das Bedürfnis nach Schlaf ergreift auch uns, und sehr oft nehmen wir im Schlaf die sogenannte embryonale Haltung ein. So schließen wir uns von der übrigen Welt ab, unsere Konzentration geht nach innen. Diese Haltung, die sich fast der Kugelform nähern kann, dient in vielen Fällen einfach der Regeneration des inneren Systems durch Schlaf, kann sich jedoch zugleich auch dazu eignen, psychische Probleme zu bewältigen und innere Prozesse zu verarbeiten. Diese Position kann man vor allem bei jungen Mädchen in der Pubertät oft beobachten, denn ihr Gefühlsleben gleicht in dieser Zeit einer Achterbahnfahrt.

Das kleine Kind verhält sich genauso: die Hände legen sich an den eignen Körper, der Wunsch, ganz und allein bei sich selbst zu sein, drückt sich überdeutlich aus. Kommen in diesem Moment die Erwachsenen in der guten Absicht, sich mit dem Kleinen zu beschäftigen, mit ihm zu spie-

Die urtümliche Schlafstellung des Embryos bewährt sich auch bei zwei Erwachsenen, die als Paar den Schlaf genießen.

In der embryonalen Schlafstellung, nähert sich unsere Körperhaltung fast ganz der Kugelform. Meistens stellt sie sich ganz von selbst ein, vermittelt Sicherheit, schützt den Bauch.

len, wird es protestieren: Es beginnt zu weinen. Sein Recht, von der Welt Distanz zu nehmen, um sich selbst ganz fühlen zu können, ist verletzt.

Jede Erfahrung, die das Kind in diesem frühen Stadium macht, hilft ihm zu wachsen, wird gespeichert, um sie mit neuen Erfahrungen vergleichen zu können. Eine wesentliche Rolle spielen hierbei die übrigens erst 1995 von dem italienischen Gehirnforscher Giacomo Rizzolatti im Tierversuch an Affen entdeckten Spiegelneuronen. Das sind Nervenzellen, die sich im Gehirn während der Betrachtung eines Gesichtsausdrucks aktivieren und ein ähnliches Gefühl in uns stimulieren. Auf diese Weise werden Gefühle widergespiegelt. Das Lächeln eines anderen Menschen zeichnet sich in unserem Gehirn ab und wir lächeln zurück. So lässt es sich auch erklären, dass wir beim bloßen Zuschauen im Theater, im Kino oder vor dem Fernseher mit den Akteuren lachen und weinen können. Das Ergebnis gleicht dem, was wir Empathie zu nennen gewohnt sind. Im Versuch, den anderen zu verstehen, erkennen wir uns selbst. Es entspricht eigentlich der Gabe, sich in einen anderen einzufühlen. Der Gesichtsausdruck, den wir bei einem anderen sehen, oder spontane Bewegungen, die wir bei ihm beobachten, lassen uns erkennen, dass Eindrücke, die bei uns selbst entstehen, sich bei unserem Gegenüber wiederfinden. Aus diesem Grund nehmen wir oft die gleiche Körperhaltung ein wie derjenige, dem wir gerade ganz hingegeben zuhören. Auf diese Weise entstehen Spiegelbilder, die davon zeugen, dass wir mit diesem anderen Menschen auf gleicher Wellenlänge sind. Das, was uns ähnlich ist, schafft eine gewisse Nähe zum anderen. Was uns dagegen fremd ist, erzeugt Distanz. Sind wir aber neugierig genug, auf das andere, auf den anderen, kann es uns gelingen, näher zu bringen, was uns fern war, vertraut zu werden mit dem, was uns bis dahin fremd erschien. Vielleicht integrieren wir das Fremde sogar ganz oder teilweise. Zumindest geht es in unsere Erfahrung ein und verschafft uns so eine neue Nähe zur übrigen Welt. Dieser Vorgang, von eminenter Bedeutung für das heranwachsende Kind, sollte nie beendet sein. Zur vertieften Information über das Phänomen der Spiegelneuronen empfehle ich gerne das Buch *Warum ich fühle, was du fühlst* des Neurobiologen Joachim Bauer.

Die Anziehungskraft der Außenwelt, die dem Kind Genuss und Abwechslung, Abenteuer und Erfahrung verspricht, entfernt es zugleich von der Mutter und nicht von ihr allein, sondern von jedem und allem, was

Übereinstimmung in der Körperhaltung spiegelt Einverständnis des Gefühls wider. Man ist sich im Gespräch näher gekommen, denn was uns ähnlich ist, zieht uns an. Und in dem Versuch, den anderen zu verstehen, erkennen wir uns selbst.

Lachen ist nicht nur gesund. Lachen verbindet. Wer mit einem anderen lachen kann, ist nicht weit von ihm entfernt. Ähnliche Empfindungen erzeugen einen über-einstimmenden körperlichen Ausdruck unserer Körper.

ihm zuerst Vertrauen und Schutz geboten hat. Sperren wir uns als Erzieher gegen dieses Verlangen, geschieht dies meistens aus dem Gefühl, verlassen zu werden, weil wir nicht mehr gebraucht werden, oder besser gesagt, weil das Kind glaubt, uns nicht mehr zu brauchen. Eine Reaktion, die uns ein Leben lang wiederbegegnen wird. Verwehren wir es dem Kind, auf Distanz zu gehen, wird sich sein Wunsch nach Abwendung noch verstärken.

Wir sollten uns vielleicht gelegentlich daran erinnern, wie wichtig die Neugier für jede Entwicklung des Menschen ist. Es ist also wichtig und sogar notwendig, auch einmal selbst Grenzen zu überschreiten, vor allen Dingen aber diese Grenzüberschreitung bei unseren Schutzbefohlenen zuzulassen. Was den Eltern nicht leichtfällt, ist für die Kinder notwendig. Sie testen auf diese Weise, wo ihre Grenzen liegen. Sie tun Verbotenes und schauen sich gleichzeitig mit großen Augen nach ihren Eltern um und versuchen herauszufinden, wie diese reagieren, wie weit das Seil gespannt werden darf, und welche Risiken sie gerade noch eingehen können. Der Genuss von Risiko und Gefahr will ausprobiert und möglichst ausgekostet sein. Im späteren Leben wird es heißen: Kein Erfolg ohne Grenzüberschreitung.

Spannungsverhältnisse wie die gerade beschriebenen zwischen Eltern und Kindern entstehen durch die Ungleichzeitigkeit der jeweiligen Bedürfnisse: So kommt beispielsweise der Partner nach einem schwierigen Arbeitstag nach Hause und hat nur noch den Wunsch, sich zurückzuziehen, in sich zu gehen, um seine innere Balance wiederherzustellen. Der andere Partner hat dagegen den ganzen Tag allein oder mit den Kindern im Hause zugebracht und möchte nun endlich reden, und das heißt vor allem, dass er wahrgenommen werden möchte. Und schon sind da die Fragen: »Warum werde ich einfach ignoriert? Womit habe ich es verdient, überhaupt nicht beachtet, ja, kaum flüchtig begrüßt zu werden?« Der eine braucht gerade Nähe, der andere die Distanz. Es kann aber umgekehrt sein: Der von der Arbeit heimkommende Partner möchte unbedingt über seinen schwierigen oder gerade besonders erfolgreichen Tag reden, der oder die andere hat jedoch, geschafft von den häuslichen Problemen, kein Ohr für ihn oder hält die eigenen Angelegenheiten für wichtiger.

Im Allgemeinen verlangt es Frauen in ihrem Alltag weniger nach Distanz als Männer, es sei denn, sie arbeiten in einer männlich geprägten Umgebung. Man sagt, bei Frauen sei das Verlangen nach Distanz eher ein Zeichen dafür, dass sie krank oder überlastet sind, oder dass in der Beziehung zum Partner etwas nicht stimmt. Das lässt sich sicher nicht verallgemeinern. Wo es aber so ist, hören wir Klagen über Kopfschmerzen oder bemerken, dass urplötzlich ein unaufhaltsamer Drang aufzuräumen zu verspüren ist. Bedürfnisse entstehen selbstverständlich auf beiden Seiten. Worauf es aber ankommt, ist, dass der andere die Signale versteht und bereit ist, darauf zu reagieren. Denn der Wunsch, sich von Zeit zu Zeit in sich selbst zurückzuziehen, entspringt einem ganz normalen und dabei fundamentalen Bedürfnis, das niemanden verletzen will. Die Signale des Partners einfach zu akzeptieren, sie nicht als persönliche Verletzung zu nehmen, hilft beiden Seiten. Pubertierende Jugendliche suchen häufig Distanz zur realen Welt, indem sie sich bei lauter, alles andere übertönender Musik in ihrem Zimmer einschließen, denn sie fühlen sich in der Veränderung ihrer Hormone und ihres ganzen Körpers von niemandem verstanden. Auch sie erwartet dann hoffentlich das Verständnis ihrer Umwelt.

Es ist ein schwer zu durchbrechendes Ritual: Verlangt es den einen phasenweise nach einer gewissen Distanz, um mit sich selber ins Reine zu kommen, empfindet es der andere als Abwendung und fühlt sich verraten. Beide empfinden die Situation natürlich von ihrem subjektiven Standpunkt und aus ihrer jeweils subjektiven Erfahrung.

Genauso spielt es sich zwischen Kindern und Eltern ab. Wann jemand das Bedürfnis nach Nähe hat und wann nach Distanz, richtet sich nach dem jeweils subjektiven Gefühl. Das heißt aber, dass selbstverständlich auch Kinder die Distanz spüren, die Eltern oder ein Elternteil von ihnen suchen. Leider sehen viele Erwachsene die Wichtigkeit eines Geschehens nur aus ihrer eigenen Perspektive und nicht mit den Augen der Kinder. Sie nehmen die Bedürfnisse ihrer Kinder nicht richtig ernst und wenden sich schnell wieder ihrer so viel wichtigeren Beschäftigung zu. Ist ihnen nicht klar, dass jedes Kind diese Haltung als Liebesentzug empfinden muss? Es war ihm doch so wichtig, was es mitzuteilen hatte!

Die sich aus alledem ergebende Fragestellung bleibt über unser ganzes Leben hin relevant: Wie weit binde ich mich an einen anderen Menschen? Kann ich mein eigenes Ich trotzdem bewahren? Wird meine Selbstständigkeit in der Verbindung respektiert? Und toleriere ich den Anspruch des Partners auf Selbstständigkeit? Lerne ich es zu ertragen, dass auch er Distanz zu mir benötigt, um zu sich selbst zu kommen, sich mit sich selbst zu beschäftigen, sich zu regenerieren, sich zu entwickeln und zu entfalten?

Kinder erleben alles als neu und dadurch viel emotionaler als Erwachsene und sind daher auch viel aktiver als wir. Denn Emotionen schaffen Bewegung, schaffen Veränderungen in unserem Organismus. Alles, was wir emotional erleben, wird zur lebendigen, unvergesslichen Erfahrung. Dabei ist alles von Wichtigkeit, weil es intensiv in uns erweckt wurde. Bei Erwachsenen, die so vieles schon kennen oder zu kennen glauben, wird nicht alles ebenso emotional erlebt werden können. Daraus kann eine entscheidende Diskrepanz entstehen zwischen Eltern und Kindern. Denn was für Kinder ausgesprochen wichtig wird, weil es der inneren Bewegung folgt, mag den Eltern möglicherweise ganz unwichtig vorkommen, weil es sie überhaupt nicht bewegt. Dieser Zwiespalt ist es, der eine Ungleichheit zwischen den Generationen entstehen lässt. Gewohnheit und Alltagsrhythmus erzeugen eine gewisse Ausgeglichenheit, die Platz frei macht für das wirklich Außerordentliche, das in uns stärkere Bewegung schafft. Damit versuchen wir, zwischen Wichtigem und Unwichtigem zu unterscheiden. Doch diese Haltung aus Routine und Alltagsmentalität stellt auch eine Gefahr für jede Partnerschaft in der Arbeitswelt und im privaten Zusammenleben dar, denn sie mindert die Entwicklung von Emotionen, von Anregung und Aufregung und schafft auf diese Weise einen sozusagen flachen Alltag ohne Höhen und Tiefen. Dabei ist gar nicht zu bestreiten, dass Ruhe und Harmonie einen gelassenen und entspannten Alltag fördern. Es sind aber gerade die Emotionen, die unsere Kräfte steigern und uns über den grauen Alltag erheben.

Gelingt es Partnern nicht, in ihrem Alltag etwas Neues zu entdecken, so wird dieses Manko häufig durch unmotivierten Streit kompensiert. Die Begründungen, mit denen ein solcher Streit begonnen wird, sind höchst banal: »Warum hast du dein Zimmer nicht aufgeräumt?«, »Immer lässt du deine Socken überall herumliegen!« oder: »Warum ist das Essen nicht fertig, wenn ich komme?« Dem einen ist es zu kalt in der Wohnung, dem anderen zu warm.

Streit erweckt seinerseits allerdings auch neue Emotionen, die ein altbekanntes Wechselspiel anstoßen können, und das heißt: »Ich will von dir weg, aber ich brauche dich!« Dieses Gefühl der Hass-Liebe lässt das emotionale Pendel des Wechsel-Rituals heftig ausschlagen und bringt vielleicht sogar wieder Bewegung in die Partnerschaft. Bleibt das Ergebnis jedoch ständiger Streit, werden keine neuen Kräfte geweckt, und irgendwann zerfällt die Partnerschaft.

Kinder, die natürlich auch für ihre Selbstbestimmung streiten, haben einen Anspruch darauf, gelegentlich auch zu gewinnen. Die Erwachsenen

Ihre Hände halten ihn locker, das Kind bleibt freiwillig bei ihr. Beide genießen die gegenseitige Zärtlichkeit.

müssen ihnen dies gewähren. Sie sollten sich nämlich der ungleich stärkeren Emotionalität von Kindern bewusst sein, die zu mehr Bewegung und lauter Daseinsbekundungen führt, als sie der Erwachsene noch aufbringen könnte oder möchte. Versuchen wir ihre Emotionalität zu dämpfen, reduzieren wir auch ihre Motivation und ihre Energie. Begeisterung ist eine Voraussetzung für jeden Fortschritt, für jeden Erfolg. Begeisterungsfähigkeit allein motiviert bereits unsere Energie. Nur wer sich begeistern kann für Menschen, für Sachen und für Ideen, wird etwas bewegen können.

Der Wunsch nach Wärme und Nähe bleibt von Kind an in unserem Leben erhalten. Wir brauchen diese Nähe und diese Wärme. Das Kind strebt danach, die Eltern zu umarmen, und es will von den Eltern umarmt werden. Doch in dem Augenblick, in dem sich ein neuer Reiz einstellt, –

Das Kind will weg und wird von der Mutter daran gehindert. Auch wenn es in spielerischer Form geschieht, gilt es doch als nicht respektierter Wunsch.

und bei Kindern wechseln die Reize schnell – wird es sich aus der Umarmung lösen wollen, um auf die neue Stimulanz zu antworten. Wird es nun von den Eltern zurückgehalten, weil sie noch mehr von ihm haben wollen, wird es sich gefangen fühlen. Die schöne Umarmung bekommt ein negatives Gesicht. Vielleicht scheut das Kind von nun an bewusst oder unbewusst die Umarmung, weil sie das Risiko birgt, anschließend in seiner freien Entfaltung blockiert zu sein.

Auch später gilt unter Erwachsenen, dass Umarmungen etwas sehr Schönes sein können, weil sie Nähe erzeugen. Macht aber einer der Partner auch nur die kleinste Bewegung, die den Wunsch signalisiert, dass er sich befreien möchte, sollten wir die Arme öffnen und es ihm ermöglichen, die Distanz zu suchen. Distanz ist nichts Negatives. Abstand nehmen zu können, bezeichnet die Möglichkeit, zu sich selbst, zur eigenen Mitte zurückzufinden, das eigene Ich wieder wahrzunehmen. Verliert sich das Ich in einem großen Du, fehlt die eigene Mitte, und die Spannung zwischen Ich und Du ist aufgehoben. Dieses große Du kann aus mir und einem einzelnen anderen bestehen, es kann sich aber auch aus tausend Ablenkungen um mich herum bilden, die mir die Verbindung zur Außenwelt radikal abschneiden. Meine Energie wird geradezu vampirisch aufgesogen, und das eigene Ich verliert die Kraft, sich zu entfalten. Denn um sich entfalten zu können, bedarf es wiederum der Rückkehr zur eigenen Mitte, müsste man Zeit und Gelegenheit haben, sich neu zu definieren als Voraussetzung für jeden neuen Anfang. Akzeptiert der Partner diese Erneuerung, wird er erleben, wie das erneuerte Ich Nähe braucht und sucht.

Die kindliche Umarmung zwischen Eltern und Kindern vollzieht sich natürlich und ohne alle Hintergedanken. Das ändert sich beim Eintritt in die Pubertät. Die Entfaltung der Sexualität, der nun einsetzende Reifeprozess, weckt völlig neue Wünsche und Gefühle. Was früher als ein mehr oder weniger angenehmes, ganzheitliches Empfinden wahrgenommen wurde, spaltet sich nun auf. Es findet eine Differenzierung im Verhältnis der Heranwachsenden zu Vater und Mutter statt. Die Eltern werden sich darauf einstellen müssen, dass sie sich nicht mehr auf ihre eigene unbelastete Einstellung berufen können: »Warum denn nicht? Ich habe ihn doch immer umarmt!« Mütter müssen sich darüber klar werden, dass gewisse Stimulationen, die von Umarmungen mit ihren Söhnen ausgehen, nicht ihr bestimmt sein können, sondern von nun an einer anderen Frau gehören werden. Gerade in der Phase der sexuellen Entwicklung beginnt der heranwachsende Mensch zu begreifen, dass er jeden Tag einem neuen Ich in sich selbst begegnet. Es gilt nun zu erkennen, welcher Art von Nähe und Distanz das jeweils neue Ich gerade bedarf. Männliche Heranwachsende überspielen ihr Verlangen nach Umarmung oft mit Kampfeslust. Sie konkurrieren miteinander, sie raufen miteinander, und die körperliche Nähe schafft eine neuartige Befriedigung, indem sie sich als Mann zu bestätigen suchen und eine Art Lebenskampf aufzunehmen bereit sind. Auf einmal gewinnt die Frage nach dem Stärkeren die Oberhand: Wer ist der Stärkste? Wer übernimmt die Führung? Gleichzeitig bietet der sportliche Wettkampf ganz legitime Anlässe zur Umarmung. Denn bei jedem Erfolg liegt man einander in den Armen. Das Übermaß solcher Umarmungen lässt sich reduzieren, indem man einander gegenseitig auf die Schultern klopft. Es relativiert die übertriebene Nähe.

Männliche Jugendliche suchen im Sport häufig die Gelegenheit ihre Männlichkeit zu bewähren oder überhaupt herauszufinden. Eine neue Art der Körperlichkeit wird entdeckt. Umarmungen nach dem Erfolg gehören dazu. Körperliche Nähe zwischen Männern ist oft sozial nicht akzeptiert, findet ihre Legitimierung jedoch bei starken emotionalen Ausbrüchen, z. B. bei bestimmten Sport- und Kampfarten.

Die gemeinsame Freude am Erfolg muss sich entladen können. Zu den Vorteilen von Mannschaftssportarten gehört, dass man die Freude mit anderen teilen kann. Und die Nähe zum Sportkameraden drückt sich in der Umarmung aus und wird sozial akzeptiert.

Die Abschirmung von der nahen Umgebung bleibt bei Erwachsenen genauso wie in der Pubertät.

Jede erwünschte Berührung schafft Nähe. Achten wir darauf, ob der andere die Muskeln unter unserer Berührung leicht zusammenzieht und vielleicht auch noch den Blick von uns abwendet und respektieren wir, dass ihm in diesem Moment die Nähe nicht mehr angenehm ist.

Das kleine Kind würde sich entweder verbal zur Wehr setzen oder seinen Körper benutzen, indem es sich mit angehobener Schulter und ausgestrecktem Arm zu befreien sucht. Mit beiden Händen schiebt es den Erwachsenen von sich weg. Verbal würde das vielleicht heißen: »Halt mich fest und lass mich herunter!« Von einem Heranwachsenden bekäme man wahrscheinlich lediglich zu hören: »Lass mich in Ruhe!«

Die Entdeckung der Distanz – Die Pubertät

Der junge Mensch erfährt mit dem Eintritt in die Pubertät ein rasch ansteigendes Freiheitsbedürfnis. Noch ist die Zeit der Gewöhnung und der Gewohnheiten fern. Zunächst gilt es vielmehr, sich seiner selbst sicher zu werden. Die Suche nach der eigenen Identität ist selbstverständlich auch angetrieben von den physiologischen Veränderungen, die diese Entwicklung begleiten und die den Jugendlichen zunächst verwirren. Bei den Mädchen wachsen nun Haare auf Körperteilen, die vorher glatt waren, der Busen entwickelt sich. Bei den Jungen geschieht Ähnliches, wenn das Schamhaar erscheint und sich der Körpergeruch verändert. Die hormonelle Aktivität wird spürbar. Sie erkennen sich eigentlich nicht wieder. Die bisherige Sicherheit des Selbstgefühls geht ihnen verloren, weil sie sich nun täglich anders fühlen. Die Unsicherheit darüber, wer sie eigentlich sind, die Unfähigkeit, sich selbst nahezukommen, sich mit sich selbst zurechtzufinden, schafft Probleme und fördert die Auseinandersetzung mit der Umwelt als eine Art Blitzableiter. Die ganze Weltanschauung seiner Umwelt passt dem jungen Menschen nicht mehr. Er verlangt nach einer eigenen Weltsicht, nach einem eigenen, von niemand anderem je betretenen Weg, seine Zukunft zu schaffen. Dazu muss er sich durch Widerstand von seinen Eltern und Lehrern distanzieren, um wieder, und diesmal ohne fremde Hilfe, zu sich selbst zu finden. Erst wenn der Körper den angedeuteten hormonellen Wachstumsprozess vollendet hat, kann nach und nach auch die seelische Neuorientierung gelingen. Ist dieser Punkt erreicht, wird es dem jungen Menschen auch wieder möglich sein, die Abhängigkeit von der übrigen Welt zu akzeptieren, ohne sich selbst wieder zu verlieren. Es ist der Beginn einer neuen Phase von Kommunikation. Wer seinen inneren Standpunkt gewonnen hat, sich seiner selbst sicher ist, lernt daraus, auch besser mit dem Du umzugehen. Und wer die Nähe zu sich selbst einmal kennengelernt hat, wird auch wieder zu sich selbst zurückkehren können, um zu überprüfen, was er gewonnen hat und ob sich der eigene Standpunkt in der Welt bewähren konnte. Das Wechselspiel zwischen dem Ich und dem Du, der Nähe und der Distanz kann von Neuem beginnen. Jener feste Punkt in mir gibt mir die Sicherheit, mich dem Du zu nähern, das mir Gemeinsamkeit bietet: das sind Freunde und Partner, das sind Arbeit und Spiel.

Die junge Dame auf unserem Bild hat sich gleich doppelt gewappnet. Ihre Lektüre macht sie der Umwelt gegenüber blind und die Kopfhörer machen sie taub.

Der junge Mann schirmt sich von seiner Umgebung ab und widmet sich der Musik und den Texten, die seiner inneren Empfindung entsprechen.

Das Ich und die anderen

So klug wir sein mögen, wir sind doch immer abhängig von der Außenwelt. Da geht es zunächst um diese wunderbare Verbindung von uns Menschen mit der Natur. Auf meinen Seminaren zur Körpersprache begegne ich gelegentlich dem einen oder anderen etwas selbstherrlichen Manager, der meint, er brauche im Grunde nur sich und sonst gar nichts und gar niemanden. Ich versuche dann, diesem Irrtum abzuhelfen, indem ich erkläre, er sei zum Beispiel von einer Tomate abhängig. Auf seinen erstaunten Blick antworte ich gern: »Tut mir leid, dein Körper kann keine eigenen Vitamine produzieren. Das heißt, du bist abhängig von der Nahrung, die du zu dir nimmst. Du bist abhängig von einem Schutz gegen Kälte und Hitze. Und genauso abhängig bist du von deinen Mitarbeitern.«

Mit diesen ganz einfachen Abhängigkeiten beginnt der Konflikt. Denn je zahlreicher sie werden, umso mehr scheinen wir von unserem eigenen Selbst zu verlieren, und das missfällt uns. Die Natur aber hat vorgesorgt, indem sie uns die Instinkte mitgegeben hat, die uns in Bewegung setzen, um Kontakt mit der Außenwelt aufzunehmen. Gefühl und Gehirn sind gleichermaßen betroffen. Es sind psychisch-physische Systeme, die hier wirken. Hunger- und Durstgefühle lösen ebenso wie das Schutzbedürfnis vor Kälte und Hitze die bekannten Urinstinkte aus, die unser Gefühl und Gehirn in Bewegung setzen und unsere Neugier wecken. Solche Bedürfnisse stimulieren grundsätzlich unsere Gefühle, die wiederum unser Gehirn dazu bestimmen, Chancen und Gefahren abzuwägen, diese Bedürfnisse zu stillen.

Auch der Schlaf gehört zu den Grundbedürfnissen jeder Kreatur. Durch die während der Schlafphase gewonnene Distanz zu anderen regenerieren wir uns und sammeln Kraft für neue Aktivitäten, bei denen wir diese Distanz wieder verringern.

Die Neugier, einer der wichtigsten Instinkte, die uns von der Natur mitgegeben sind, wirkt so stark, dass sie uns beinahe dazu zwingt, Optionen zu suchen, Neues zu entdecken. Kaum ist sie geweckt, schon bewegen sich unsere Augen auf der Suche nach Neuem, der Körper neigt sich nach vorn, und andere angeborene Instinkte wie der Gefahr- oder Angstinstinkt werden von der Neugier überdeckt. Sie hilft uns dabei, Angst zu überwinden, und bringt uns dazu, Gefahren in Kauf zu nehmen oder gar zu unterschätzen. Wäre unsere starke Neugier nicht in der Lage, Angst zu überwinden, säßen wir heute noch auf den Bäumen. Alle Entdeckungen der Menschheit haben mit der Neugier zu tun, denn sie ist die Kraft, die uns vorwärtsdrängt. Der Mut, trotz aller Gefahren dem Neuen auf der Spur zu bleiben, gründet in diesem Impuls. Deshalb forschen wir weiter und greifen nach den Sternen. Wir können gar nicht anders.

Das Wechselspiel von Zuwendung und Abwendung

Zuwendung entsteht aus dem Wunsch des Menschen, seine Bedürfnisse zu befriedigen. Davon ist unsere Suche nach Nähe bestimmt. Solche Nähe erweckt Gefühle der Freude und Zufriedenheit, was uns veranlasst, möglichst lange in ihr zu verharren, um uns den Genuss dieses Zustandes zu erhalten. Das geht natürlich nur so lange gut, wie die Quelle unserer Zufriedenheit sprudelt. Sobald sie versiegt, werden wir uns abwenden und statt der Nähe die Distanz suchen. Dies gilt immer dann, wenn unser Bedürfnis gestillt ist. Sind wir vom Essen satt geworden, ziehen wir uns zurück oder lehnen uns gegen die Stuhllehne, also weg vom Tisch. Sogar nach dem Liebesakt zieht sich jeder in sich zurück, selbst wenn die beiden Partner noch miteinander kuscheln.

Diese Abwendung nach erlebtem Genuss gehört zu den natürlichen Instinkten, da unterscheiden wir uns nicht von den Tieren. Auch in unseren komplexen sozialen Beziehungen geschieht es immerzu: Wir wenden uns ab von Freunden, von Partnern, von unserer Arbeit, und folgen einem plötzlichen oder lange gehegten Wunsch nach Distanz. Es ist der Wunsch, zum eigenen Ich zurückzukehren und auf die Suche zu gehen nach neuer Stimulanz.

Eltern, die versuchen, ihrem Kind spielerisch etwas beizubringen, beispielsweise mit einem Puzzle oder etwas Ähnlichem, werden oft damit konfrontiert, dass der hoffnungsvolle Sprössling nach ein paar verfehlten Versuchen den Spaß daran verliert und nach einem neuen Spiel verlangt.

Es ist ein Problem, vor dem auch Lehrer häufig stehen, wenn es ihnen nicht gelingt, bei ihren Schülern Spaß und Interesse am Lernstoff zu wecken und zu erhalten. Für Computerspiele haben sie meist sehr viel mehr Ausdauer. Nicht anders geht es uns mit dem Zuhören. Haben wir nämlich schon ungefähr verstanden, worauf der Vortragende hinaus will oder wendet sich der Vortrag Themen zu, die uns weniger interessieren oder Spaß machen, wenden wir uns ab, distanzieren uns, jedenfalls innerlich. Auch im Arbeitsleben ist Motivation davon abhängig, wie viel Freude wir an unserer Tätigkeit empfinden können. Oft genug reduziert schon eine kleine Veränderung in unserem Arbeitsbereich die Arbeitsfreude oder die tägliche Routine dämmt unseren Eifer und wir beginnen, uns nach neuen Reizen umzusehen. Routine gefährdet auch die schönste Partnerschaft. Ist die erste Verliebtheit verflogen, übernehmen alltägliche Pflichten das Ruder. Wer es nun versäumt, ernsthaft nach neuen gemeinsamen Freuden zu suchen, wird bald allein sein.

Nicht immer ist es der eigene Wunsch oder Wille, wenn wir uns abwenden: Distanzierung kann auch die Folge davon sein, sich abgestoßen zu fühlen, vielleicht von einem schlechten Geruch oder Geschmack, von einer Situation, die uns unangenehm ist, oder einer Person, die uns nicht mehr gefällt. Es können aber auch Herausforderungen, soziale Verpflichtungen oder Erwartungen sein, die wir glauben, nicht erfüllen zu können, und die uns in diesem Moment als unannehmbar erscheinen. Also versuchen wir, sie durch Abwendung abzuschütteln. Wird uns der Rückzug versagt, werden wir uns sperren, unsere Muskeln verspannen sich und wir verlieren jede Aufnahmebereitschaft, was uns nun wiederum dem einen oder anderen unangenehm oder launisch erscheinen lässt. Unser Gegenüber spürt natürlich, dass er unsere Nähe verloren hat und wird sich nun wahrscheinlich seinerseits von uns abwenden.

Es gibt leicht erkennbare Körpersignale, die zeigen, wenn unser Gegenüber weggehen möchte, aber keine Möglichkeit findet: Die Augen bewegen sich, als suchten sie einen Fluchtweg. Auch die Anspannung der Muskeln, das Verkrampfen der natürlichen Haltung weist darauf hin, das jemand seiner gegenwärtigen Situation entkommen möchte. Oft werden dabei die Arme wie ein Schild vor den Körper geschoben, als sollten sie den weichen Bauch schützen oder einen Grenzwall zwischen sich und der bedrohlichen oder unangenehmen Situation oder Person bilden.

Ihr Gesicht zeigt Abwehr. Die negative Wahrnehmung zieht ihren Kopf nach hinten, womit sie Distanz nimmt zu dem, was ihr missfällt. Auch ihr Kinn zieht sich zurück. Sie sucht Distanz zur unangenehmen Wahrnehmung der Tasse.

Der Kopf neigt sich nach vorne. Der Körper neigt sich zur Quelle des Geruchs: »Das riecht aber gut.«

Genau umgekehrt verhält es sich, wenn uns etwas gefällt: Die Augen richten sich auf die Person oder den Gegenstand, der Blick bleibt für eine Weile haften, die Körperhaltung öffnet sich in einer Bewegung, die in einer Neigung des Körpers oder sogar aus einem Schritt vorwärts besteht, auf den Gegenstand unseres Wohlgefallens zu, um herauszufinden, ob ein Kontakt möglich ist. In diesem Fall sind alle Bewegungen nach vorn gerichtet und die Körperhaltung signalisiert Offenheit, der Wunsch nach Kontaktaufnahme ist nicht mehr zu übersehen. Umgekehrt signalisieren eine geschlossene Körperhaltung, das Zusammenziehen der Muskulatur, der fliehende Blick ganz eindeutig Missfallen, Weigerung, Kontaktsperre oder Fluchtbereitschaft.

All diese Reaktionen zeigen, dass unsere Aktionen und Reaktionen stets an unsere Gefühle gebunden sind. Sie lenken unsere Aktionen. Ohne Gefühlsimpuls haben sie keinen Sinn, es existiert keine Notwendigkeit,

Bei Interesse neigen sich Körper und Kopf zur Quelle des Interesses. Der Wunsch nach Berührung verstärkt sich.

uns zu bewegen – ob einem Wunschziel entgegen oder von einem Ungemach weg.

Gefühle sind ihrerseits Reaktionen auf innere Bedürfnisse und Wünsche. Werden unsere Gefühle stimuliert, schaffen sie Erlebnis, und Erlebnisse prägen sich tiefer ein als bloße Gedanken. Denn Erlebnisse sind Aktion. Es geschieht etwas in ihnen und sie verändern etwas in uns. Das innere Erlebnis schafft eine Beziehung zum ursprünglichen Bedürfnis, von dem alles ausgegangen ist. Je stärker nun die Beziehung zu diesem Ausgangsbedürfnis wird, umso mehr Energie werden wir entwickeln, um es zu stillen. Die Energie verstärkt sich ganz von selbst, wenn uns etwas an einer Sache liegt: Liebe ich eine Arbeit, eine Sache, eine Person, fällt es mir leicht, mehr Energie freizusetzen als in gleichgültiger Gemütslage. Eine negative Beziehung aus innerer Abneigung kann entsprechend größte Energie zur Flucht, zum Kampf, zur Abwehr mobilisieren.

Die Intensität der Beziehung entspricht der Intensität der Energie, die in uns freigesetzt wird. Das bedeutet aber auch, dass wir durch unsere persönliche Einstellung zu den Dingen unsere Investition von Energie bestimmen. Negative Erfahrung im Arbeitsleben mindern wie von selbst meine Tatkraft. Ein neuer Mitarbeiter, ein neuer Chef, eine Veränderung

Der Annäherungsversuch seiner rechten Hand kommt ihr zu nah und verletzt die von ihr gewünschte Distanz. Unser Körper baut sich Barrieren zur Abwehr gegen alles, was uns nicht gefällt. Manchmal nehmen wir auch Gegenstände zur Hilfe. So schützt sie ihre Brust nicht nur mit den Armen, sondern nimmt als Panzer noch einen Aktenordner.

der Arbeitssituation, die mir nicht gefallen, führen beinahe automatisch zu einem Energieverlust. Es folgt eine gewisse Distanzierung von den Dingen, die ganz von selbst weniger Gefühle, weniger Interesse und weniger Dynamik erzeugt. Wenn uns dagegen etwas auf Dauer immer mehr Freude, immer größere Befriedigung verschafft, sind wir selbstverständlich auch bereit, immer mehr Energie und immer mehr Zeit dafür zu investieren.

Alle Erlebnisse, die sich in unserer Erinnerung festgesetzt haben, werden später maßgebende Wirkung auf unsere grundsätzliche Einstellung haben. Waren es starke Erlebnisse, werden sie uns bei ähnlichen Gelegenheiten in die gleiche Richtung leiten, und zwar in derselben Intensität. Deshalb ist es sehr wichtig, was wir unter welchen Umständen und vor allem auch mit wem gemeinsam wir etwas erlebt haben.

In der Kindererziehung spielt das gemeinsame Erlebnis von Eltern und Kindern eine außerordentlich wichtige Rolle. In manchen Familien wird viel miteinander geredet. Das ist gut, um die intellektuelle Beweglichkeit und Kommunikationsfähigkeit der Kinder zu entwickeln. Aber es reicht nicht aus. Zur Selbstentfaltung und zur Erfahrung im Umgang mit sich selbst und seinem Körper wie auch mit anderen bedarf es realer Erlebnisse – Erlebnisse, die eben nur beim Spielen mit den Eltern und mit anderen Kindern erfahren werden können. Denn die Erinnerung an das Spielen mit Vater und Mutter, das Erlebnis mit anderen werden dauerhafter gespeichert als noch so lebhafte Gespräche, die deshalb aber nicht verzichtbar werden.

Erleben bringt uns den Dingen nah. Wir öffnen uns ihnen spielerisch. Man muss nur zusehen, wie ein Kind die Natur entdeckt, wie es beginnt, sich mit den Dingen zu identifizieren. Auch das spielerische Raufen mit dem Vater eröffnet gemeinsame Erfahrungen: Gemeinsamkeit ist das Stichwort, denn gemeinsam erworbene Erfahrungen öffnen uns für andere und lassen uns ihnen nahekommen. Das stärkt die Bindungsfähigkeit und lässt lang dauernde Bindungen wachsen. Dabei ist es unwichtig, ob es zu physischer Nähe oder zu vor allem geistiger, emotionaler Nähe führt. In beiden Fällen ist das gemeinsame Erlebnis die bindende Kraft.

Von den künstlichen Mitteln, uns Nähe zu sichern

Die Sehnsucht nach Nähe und Geborgenheit ist uns tief eingegraben. Um sie zu stillen, greifen wir auch zu künstlichen Mitteln, eigentlich Fetischen, die Geborgenheit suggerieren. Kleine Kinder tragen einen geliebten Gegenstand, die Puppe oder den Teddybär als Begleiter mit sich herum und natürlich auch mit ins Bett. Vor allem die weiche Oberfläche dieser Gegenstände schafft ein Gefühl von Nähe und Geborgenheit. Wir fühlen uns damit wohl und entspannt. Die Gelenke sind locker, die Muskulatur wird geschmeidig. Wir schlafen besser als sonst, wir sind insgesamt positiv gestimmt. Das trifft auf Erwachsene übrigens nicht weniger zu als auf Kinder. Weiche Stoffe schaffen positive Grundstimmungen. Die Industrie reagiert darauf, indem sie weiche Mäntel, weiche Bettdecken und weiche, seidige Bettwäsche produziert. Für die Damen gibt es Unterwäsche aus weicher Seide oder Taft mit doppelter Wirkungskraft, erstens für die Trägerin und zweitens für den Betrachter. Der Streicheleffekt solcher Materialien stimuliert genau jenes Wohlgefühl, das unser Bedürfnis nach Nähe und Zufriedenheit bedient.

Künstliche Nähe, die wir auch als virtuelle Nähe bezeichnen könnten, schaffen sich viele Menschen auch durch eine Pseudo-Identifikation mit Medienstars. Die intensive Beschäftigung mit Idolen ruft eine scheinbare Vertrautheit mit ihnen hervor, die einen ganz ähnlichen Effekt hervorruft, wie die weiche Wäsche, die Geborgenheit suggeriert. Die Vorstellung, mit den Stars auf Du und Du zu stehen, vermittelt ein angenehmes Gefühl, für Stunden leben wir in einer Welt von Glanz und Glamour, fühlen uns zugehörig, empfinden die Stars in ihren Rollen und in ihrem (öffentlichen) Privatleben in den Klatschspalten als gute Bekannte. Man spricht unter Freunden (Freundinnen) über die Promis, als gehörten sie zum eigenen vertrauten Umgang, diskutiert miteinander darüber und korrigiert sich gegenseitig. Man gerät ins Flüstern: »Hast du gehört, die XY lässt sich scheiden bzw. hat einen neuen Liebhaber, hat in der letzten Zeit zugenommen, und das neue Outfit passt überhaupt nicht zu ihr ...« Die Vorstellung, ein Teil ihrer Welt zu sein, erzeugt ein Gefühl von Nähe, das die eigene graue Lebenssituation jedenfalls zeitweise verdrängt. So schön die in dieser Weise produzierten Empfindungen sind, das Bedürfnis, sie sich auf diese künstliche Weise zu verschaffen, bezeichnet in jedem Fall einen Mangel an selbst

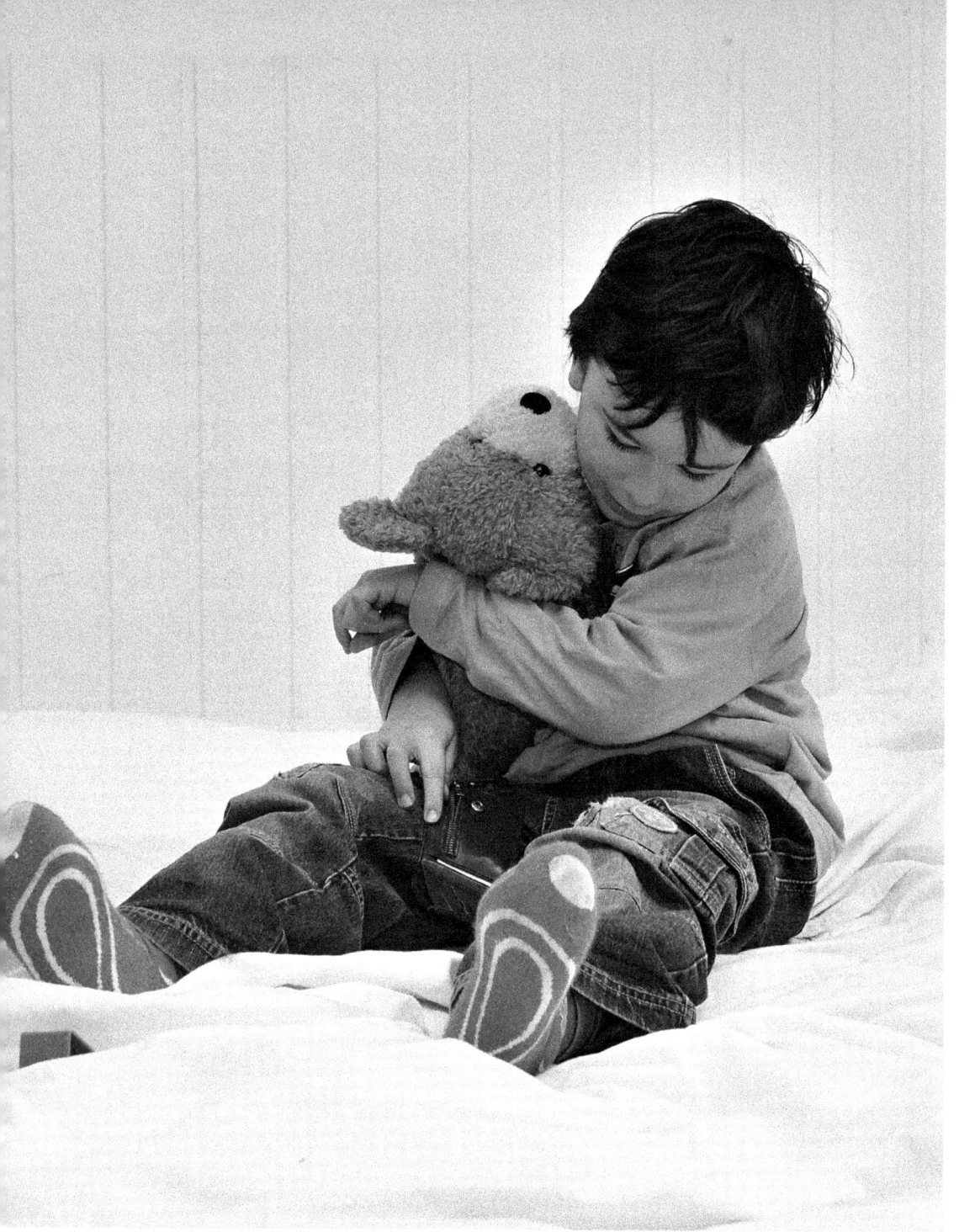

Vertraute Lieblingsobjekte, die oft weich und kuschelig sind und uns oft vom Babyalter bis ins Erwachsenenleben begleiten, werden zu Fetischen unserer Sehnsucht nach Nähe und Geborgenheit.

erlebten Berührungen, an realer Nähe. Unsere Erziehung war, jedenfalls in der westlichen Welt, eher berührungsfeindlich. Wie oft konnte man hören: »Verwöhnt eure Kinder nicht so sehr! Nehmt sie nicht so oft in den Arm!« Glücklicherweise hat sich diese Einstellung inzwischen geändert. Aber noch immer geht der westliche Mensch selbst innerhalb der Familie eher sparsam mit Berührungen um. Es gehörte zur religiösen Tradition, den Körper als sündig, als eine Last zu empfinden. So wurde körperliche Berührung zum Tabu. Das führt so weit, dass Väter sich auch heute noch scheuen, ihre eigenen Töchter zu berühren, weil sie auch den Anschein eines sexuellen Missbrauchs fürchten. Spätestens mit dem Erreichen der sexuellen Reife eines Kindes reduzieren sich die Berührungen auf geradezu rein symbolische Gesten. Gerade einmal der Kopf oder die Arme werden gestreichelt, gerade einmal die Wange wird geküsst werden, um nicht in Gefahr zu geraten, ein Tabu zu brechen. Tatsächlich weckt jede Art körperlicher Berührung mehr Emotionen als alle Worte. Wir wissen alle aus Erfahrung, das jede kleine Berührung, mit der wir Trost, Schutz, Verständnis, Zärtlichkeit beweisen wollen, stärker wirkt als alle guten Worte. Der Zwiespalt entsteht aus der Tatsache, dass körperliche Berührung Gefühle auslöst, die wir oft mit dem Erotischen verbinden. Aber auch, wenn eine gewisse Sensualität empfunden wird, muss es sich nicht gleich um Sexualität handeln. Es entsteht die paradoxe Situation, dass wir dringend Gefühlsverständnis benötigen und uns zugleich davor fürchten, solche Gefühle zu hegen. Also bekommen wir Angst vor Berührungen und ziehen uns zurück.

Die Gefahr liegt darin, dass diese Hemmung Muster etabliert. Unsere Berührungsängste verstärken sich und hemmen uns sowohl bei der Partnersuche als auch in der Tagesarbeit, ganz allgemein reduzieren sich unsere sozialen Kontakte. Auf die Dauer verlieren wir auch unser Bewusstsein von uns selbst als ganzem Menschen. Wir treiben die Ritualisierung immer weiter, und unsere Gefühle sterben ab.

Verbinden sich unserem Verständnis nach körperliche Berührung mit Intimität und Intimität mit Sexualität, vermeiden wir in unserem sozialen Leben körperliche Berührung so gut wir können oder reduzieren sie auf Rituale wie Händeschütteln und Schulterklopfen. Vielfach wird das Bedürfnis nach Berührung aber auch durch Verlagerung auf institutionalisierte Bereiche wie Sport, vor allem Mannschaftssport, und in der Beziehung zwischen den Geschlechtern durch Tanzen kompensiert.

Weiche Stoffe erwecken wohlige Gefühle, die unserem Verlangen nach Geborgenheit entgegenkommen. Sie entspannen die Haut und beruhigen.

Der Tanz nimmt nicht ohne Grund in vielen alten Ritualen einen zentralen Platz ein. Die Nähe zum anderen und damit auch das eigene Selbstempfinden werden durch die gemeinsame Bewegung im selben Takt gestärkt. Das gilt für fröhliche Feiertage ebenso wie für ein letztes Auftanken von Zuversicht und Mut, bevor es in den Krieg geht.

Miteinander zu tanzen erfüllt also eine wichtige Funktion, die auf die Grundlagen, von denen bereits die Rede war, zurückführt: Wenn nämlich Gefühle zuallererst Bewegung auslösen, bedeutet dies, dass ich mich in dem Moment, in dem ich ein Gefühl empfinde, auch bewegen möchte, weil in mir etwas geschieht. Das Tanzen ist eine hervorragende Gelegenheit, Gefühle zu balancieren, auch und gerade dann, wenn es sich um erotische Gefühle oder um eine tief gehende Zuneigung handelt. Denn die Ordnung des Tanzens verleiht mir das Selbstvertrauen: Ich kann mit mei-

Bereits in früher Zeit und bis heute reagiert die Textilbranche auf die Wünsche der Damenwelt nach weicher und manchmal auch glatter Bettwäsche. Das Model demonstriert perfekt, wie viel Nähe und Wohlempfinden ein solcher Stoff empfinden lässt.

nen Gefühlen umgehen, kann sie in geregelte Bewegung umsetzen. Anstatt sie zu blockieren, sie zu unterdrücken und damit Frustration zu schaffen, übersetze ich sie in rhythmisch geordnete Bewegung und beherrsche sie zugleich. Sonst muss die Energie explosionsartig freigesetzt werden, durch den Tanz aber werden die erregten Gefühle in Bewegungsenergie umgesetzt. Doch immer noch lässt sich dieselbe Energie zu einer Intensivierung der gegenseitigen Gefühle nutzen, die zur intimsten Nähe führt.

Die Angst davor, beim »Grenzübertritt« zu versagen, verführt uns, zum Alkohol zu greifen, denn er verwischt tatsächlich die Grenzen. Gerade darin liegt natürlich die Gefahr: Der Alkohol hilft zwar, über Grenzen zu gehen, zugleich trübt er aber das Bewusstsein, löscht es im schlimmsten Fall sogar aus. Indem ich meine Hemmungen verliere, gehe ich mir selbst verloren.

Es gibt soziale Regeln, die stets vorgeben, uns zu schützen, uns aber zugleich zwingen, sie zu befolgen. Damit werden uns Gefühle oktroyiert, die keineswegs natürliche Reflexe sind. Wenn wir also Spielregeln brechen, Erwartungen nicht erfüllen können, die andere in uns setzen, wenn wir glauben, jemanden enttäuscht oder nach den sozialen Regeln etwas falsch gemacht zu haben, erwachsen uns daraus Schuldgefühle, die keinem natürlichen Instinkt oder Impuls entspringen, und wir empfinden eine gewisse Scham. Scham und Schuldgefühl kommen in der Natur beide nicht vor. Kein Tier schämt sich, und ich glaube auch nicht, dass ein Tier Schuldgefühle entwickelt. In Berührung mit dem Menschen hat es höchstens Angst vor Reaktionen. Was uns Menschen betrifft, lässt sich in diesem Zusammenhang von Nähe und Distanz eines mit Sicherheit sagen: Im selben Moment, in dem ich mich schäme, ziehe ich mich zurück.

Soziale Spielregeln

Jedes Zusammentreffen von Menschen wirft sofort die Frage nach den Spielregeln des gegenseitigen Berührens auf. Wie weit darf ein Lehrer, eine Lehrerin einen Schüler oder eine Schülerin berühren? Wie steht es damit aufseiten der Schüler gegenüber den Lehrern? Damit streifen wir auch ein Problem der unterschiedlichen Kulturen. Mittelmeer- und arabische Kulturen erleben wir auch in der Frage der gegenseitigen Berührung anders als mitteleuropäische, und damit sind nicht orthodox-religiöse Kreise gemeint.

Kinder suchen jedenfalls immer die Nähe von Respektspersonen, so wie sie die Nähe des Vaters suchen, weil sie Schutz von ihm erwarten und ihm gefallen wollen. Deshalb berühren sie ihn. Ich erwähnte aber schon, dass wir in der westlichen Welt Berührung eher vermeiden, weil wir Angst vor Gefühlen haben. Berührt ein Kind den Lehrer, zuckt er vielleicht überrascht zusammen oder er reagiert, indem er die kleine Hand zurückschiebt. Für das Kind ist die Botschaft klar: Der Lehrer mag mich nicht, er distanziert sich von mir. Ist uns bewusst, dass wir es da mit einer schweren Verletzung einer kleinen Seele zu tun haben? Dieselbe Problematik ergibt sich selbstverständlich auch unter Erwachsenen, am Arbeitsplatz, bei gesellschaftlichen Ereignissen. Wie nah darf ich dem anderen kommen, welche Art der Berührung, des Kontakts erlauben die Spielregeln? Und noch delikater: Welche Art von Kontakt ist eventuell über die Spielregeln hinaus erwünscht von einem Menschen, der mir wichtig ist oder für mich wichtig werden könnte?

Der Philosoph Arthur Schopenhauer erzählt eine hübsche Anekdote über die Stachelschweine: Die Stachelschweine sehnen sich nach Wärme und nähern sich einander. Wenn sie aber sehr nah beieinander sind, verletzen sie sich gegenseitig mit ihren Stacheln. Also gehen sie wieder auf Distanz. Nun empfinden sie die Kälte von Neuem. Also suchen sie wieder die Nähe der anderen. Doch wieder führt die Nähe zu Verletzungen, und das Spiel beginnt von vorn. Es endet erst, wenn die Stachelschweine den richtigen Abstand voneinander gefunden haben, nah genug, um sich zu wärmen, und entfernt genug, um sich nicht gegenseitig zu verletzen.

Ich nehme an, dass Schopenhauer damit die Bedeutung von Spielregeln und Ritualen in der Gesellschaft vor Augen führen wollte. Für mich liegt in dieser Fabel allerdings ein Problem. Denn ist die ideale Distanz einmal gefunden, ergibt sich dann nicht Stillstand? Stillstand jedoch ist unnatürlich und kann deshalb kein Ziel sein. Sozial gesehen mag er vielleicht wünschenswert sein, aber er bedeutet nun einmal Stagnation. In sich ist die Fabel stimmig. Was ich betonen will, ist nur die Unterschiedlichkeit der individuellen Bedürfnisse nach Nähe und Ferne, nach Freiheit und Geborgenheit.

Von den Pinguinen weiß man, dass sie sich bei sehr starker Kälte zu einem lebendigen Knäuel zusammenballen. Natürlich haben diejenigen von ihnen es wärmer, die mitten in diesem Knäuel stecken. Aber es findet ein permanenter Wechsel unter ihnen statt. Aus der warmen Mitte schieben sich die Tiere wieder nach außen und von außen drängen andere zur Mitte. So ergibt sich eine Art Perpetuum mobile, das, wenn man so will, zu einem sozialen Ausgleich führt. Hier wird ein Beispiel lebendigen Wechsels zwischen Nähe und Distanz demonstriert, das mir viel natürlicher zu sein scheint als das statische System der Schopenhauer'schen Stachelschweine.

Soziale Spielregeln münden in der Regel in hierarchischen Strukturen. Es entstehen asymmetrische Beziehungen zwischen den Menschen. Denn einige sind den anderen übergeordnet und den anderen bleibt deshalb nur die Unterordnung. »Denn die einen sind im Dunkeln und die andern sind im Licht«, singt Bertolt Brecht. Es beginnt regelmäßig damit, dass Erwachsene sich Kindern gegenüber Dinge herausnehmen, die den Kindern versagt bleiben. Der Erwachsene wird ein Kind zum Beispiel, ohne um Erlaubnis zu fragen, berühren, streicheln oder in die Wange zwicken, und dazu nehmen sich auch Fremde das Recht. Kinder dagegen werden kaum auf den Gedanken kommen, einen fremden Erwachsenen ungefragt zu streicheln oder ihn in die Wange zu zwicken. Und wie würde ein Erwachsener darauf reagieren?

Bestimmt die Hierarchie über Nähe und Distanz?

Auch diese gesellschaftliche Asymmetrie schafft Nähe und Distanz. Nur entstehen Nähe und Distanz nicht nach dem Willen beider Partner, sondern werden vom hierarchisch Höherstehenden bestimmt. Der ranghöhere Partner wird dem Untergebenen ohne Weiteres nähertreten, sich jedoch sehr wundern, wenn der es ihm gegenüber wagte. Also wird im Allgemeinen der untergeordnete Mitarbeiter in einer Firmenhierarchie die erzwungene Nähe dulden, und er wird die Signale seines Unbehagens und der Abwehr verstecken, um nicht in Ungnade zu fallen. Damit aber schafft er sich selbst eine Blockade, die irgendwann zu Stress führt. Blockaden

Altersunterschied ist keine Rechtfertigung oder Erlaubnis zu physischem Kontakt, auch nicht bei väterlichen Absichten.
Sie zieht die Schultern hoch und ihr Körper neigt sich weg. Die Augen bleiben auf den PC gerichtet, um jede Konfrontation zu vermeiden. Ihre Einstellung ist dennoch ganz klar.

Von beiden wird der Körper auf Distanz gehalten. Die unerwünschte Hilfestellung, einen Fussel zu entfernen, wird trotz höflichem Lächeln als ein nicht angebrachtes Verhalten angesehen. Sie schaut kritisch und missbilligend auf seine Hand.

Väterlich, doch dominant. Auch als Trost wird der Griff an den Arm von der Dame nicht akzeptiert. Sie bricht den Augenkontakt ab.

Barrieren haben die Eigenschaft neue Barrieren hervorzurufen: Nun haben beide ihre Barrieren errichtet.

Durch ihr übergeschlagenes linkes Bein ist sie von ihm abgewandt, in ihr Buch versenkt demonstriert sie Desinteresse. Sein Blick zu ihr hinüber zeigt seinen Kontaktwunsch, die gespreizte Beinstellung signalisiert Selbstsicherheit und Machismo, doch die verschränkten Arme und seine ruhige Brust lassen nicht auf Tatendrang schließen.

äußern sich sofort darin, dass sich die Muskulatur zusammenzieht, die Gelenke steif werden, sich also eine Lähmung der Bewegungsfreiheit ausbreitet. Die damit aufgestaute Spannung lenkt die Konzentration ausschließlich auf das unangenehme Gefühl, das die erzwungene Nähe erzeugt, auf das Verlangen nach Distanz, sodass man kaum noch in der Lage ist, die Information aufzunehmen, die nützlich und wichtig für den Betreffenden hätte sein können.

Signale, die uns sagen sollen: »Du kommst mir zu nah!«, sind nicht schwer zu erkennen. Die Augen des Gesprächspartners weichen unserem Blick aus, oder der andere schiebt eine Barriere zwischen seinen Körper und unseren. Das kann beispielsweise eine Hand sein oder auch ein Arm. Vielleicht zieht er sich auch hinter seinen Schreibtisch zurück, oder er stellt einen Stuhl vor sich hin. Er wendet seine Körpermitte von uns ab, beschäftigt sich unmotiviert mit dem Papierkram auf dem Tisch, sucht damit irgendeine Gelegenheit, seine Augen von uns abzuwenden. In der Öffentlichkeit, im Bus oder in der Bahn ist es ein beliebter Trick, sich seiner Zeitung zuzuwenden, wenn eine Unterhaltung unerwünscht ist. Ähnliche Wirkung erzeugt es, wenn jemand sein Bein demonstrativ in die vom Nebenmann abgewandte Richtung überschlägt, sodass er nur noch über die Schulter mit ihm sprechen könnte. Im Büroalltag empfiehlt es sich, von seinem Stuhl aufzustehen, um einen zu nah herantretenden Kollegen oder Vorgesetzen auf Distanz zu halten, ohne dabei unhöflich werden zu müssen. Selbst niedergeschlagene Augen können signalisieren, dass der andere körperlich oder verbal zu nahe gekommen ist.

Vorgesetzte müssen Mitarbeitern gegenüber eine gewisse Distanz halten oder wiederherstellen, sobald sie die Signale wahrnehmen, die die Abneigung seines Mitarbeiters erkennen lassen. Hier träfe dann das Vorbild der Stachelschweine zu, in dem sich beide Seiten in der einmal gefundenen Distanz wohlfühlen.

Es gibt aber auch Menschen, die sich geschmeichelt fühlen, wenn ihnen der Vorgesetzte so nah kommt und ihnen damit eine gewisse Vertrautheit beweist, sie also durch körperliche Nähe auszeichnet.

Manchem Mitarbeiter sind Nähe und Berührung des Vorgesetzten ein positives Erlebnis. Keine Spur von Körperspannung oder Zurückweichen ist auszumachen. Der Mitarbeiter fühlt sich geschmeichelt, er spürt keine Grenzüberschreitung des Vorgesetzten.

Ärzte lassen gelegentlich eine ähnliche, Intimität vorspiegelnde Nähe spüren, indem sie sich ungefragt auf den Bettrand des Patienten setzen und damit, bewusst oder unbewusst, das hierarchische Gefälle demonstrieren, das den Patienten vom Arzt trennt, und ihn unter dem Mantel der Fürsorge zum unmündigen Kind degradiert. Es ist auch hier der Ton, der die Musik macht: eine kindliche Sprache verraten das Muster. Diese Ärzte setzen es als selbstverständlich voraus, dass der Patient sich unter dem Patronat eines Übervaters wohlfühlt. Es kann so sein, ist es aber in vielen Fällen keineswegs. Denn ein Patient, der sich ohnehin in einer geschwächten Position befindet, will sich seine verbliebene Souveränität über Nähe und Distanz nicht unter diesem Deckmantel der Fürsorge rauben lassen. Es bleibt eine Grenzüberschreitung.

Sich ungefragt an den Bettrand der Patientin oder des Patienten zu setzen, ist eine verbreitete Unart von Ärzten und verletzt die territorialen Rechte der Patienten. Weiß der Arzt stets, ob dem Kranken eine solche Nähe gefällt? Andererseits gibt es Menschen, die sich eine gewisse Vertraulichkeit gern gefallen lassen.

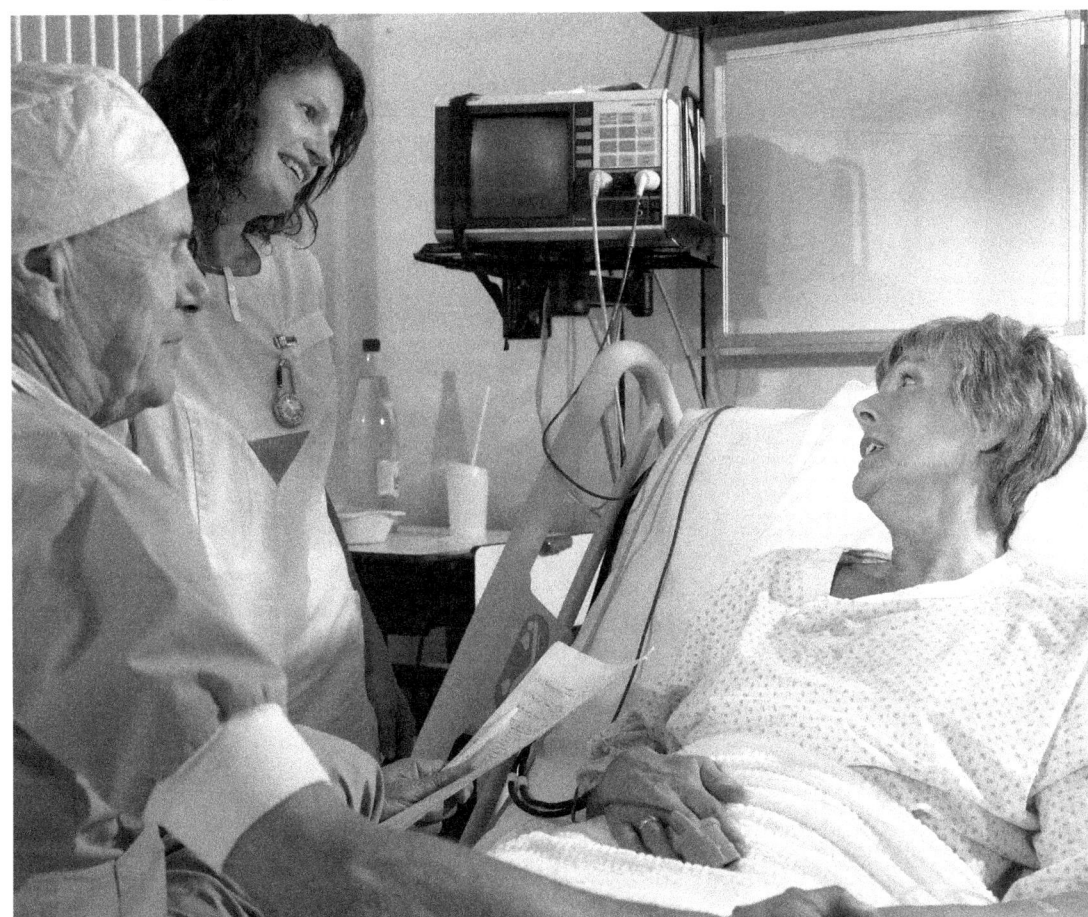

Die Nähe wird akzeptiert, solange das Verhalten beider sachlich bleibt und sich auf die Arbeit konzentriert. In dem Moment, in dem der Blickkontakt von der Sache zur Person wandert, wird die Nähe zu persönlich und sie kann den Blick nicht erwidern.

Nicht mehr die Arbeit allein steht im Mittelpunkt, sondern die Personen kommen ins Spiel. **Er** wendet sich der Mitarbeiterin persönlich zu. Schon zieht sie sich zurück.

Die Arbeitswelt mit ihrer halb symmetrischen Anlage zwischen Vorgesetzten und Mitarbeitern – für beide gelten Rechte – kennt diese Grenzüberschreitungen vielfach. Vorgesetzte nehmen es sich ganz selbstverständlich heraus, jedes Büro zu betreten, ohne anzuklopfen, ganz so, als befände sich niemand darin. Sie führen womöglich Gäste durch die Räume, ohne sich überhaupt um die darin arbeitenden Angestellten zu kümmern. Solche Störungen, die zudem mit einer Miss- oder Nichtachtung der Menschen Hand in Hand gehen, erzeugen Frustration und Stress, hemmen auf jeden Fall den Energiefluss der Mitarbeiter.

Vorgesetzte, die es sich erlauben, ihren Mitarbeitern über die Schulter zu blicken, erwecken bei diesen ganz selbstverständlich das Gefühl, kontrolliert zu werden. Sie stören auch nicht nur deren Konzentration, sie verletzen auch das persönliche Recht des Einzelnen auf Distanz.

Aber auch zwischen hierarchisch Gleichgestellten kann es am Arbeitsplatz zu Konflikten kommen, wenn das Bedürfnis nach Distanz nicht von jedem individuell gesteuert werden kann. Die Arbeit am Fließband beispielsweise, bei der die Beschäftigten oft sehr nah nebeneinander stehen, birgt hohes Konfliktpotenzial. Wenn hier die Arbeit nicht regelmäßig durch kurze Pausen unterbrochen wird, entsteht durch die auch hier erzwungene Nähe ein innerer Stau, der unweigerlich zu Aggressionen führen kann oder auch zu körperlichen Symptomen wie Magengeschwüren und Nervenkrankheiten. In jedem Fall würde sich die Effektivität der Arbeit deutlich reduzieren.

Kulturelle Unterschiede

Solche gesellschaftliche Umgangsformen finden zwischen den Kulturen unterschiedlichste Ausprägungen. Dafür sollte die grundsätzliche Frage nach dem Empfinden von Nähe und Distanz geklärt werden:

Gehen wir zunächst davon aus, dass unser Körper einen Raum darstellt. Wir besitzen eine Außenhaut und ein Innenleben. Beim Patienten setzt deshalb jede Beschädigung der Außenhaut und damit der Eingriff in das Körperinnere seine Zustimmung voraus. Das gilt vom Ansetzen einer Spritze bis zur Operation. Nachdem wir nicht nur aus Fleisch und Knochen bestehen, empfinden wir es als unser Recht, auch unsere Gedanken und Gefühle zu schützen. Aus diesem Grunde lassen wir keineswegs jedermann an unsere intimsten Gedanken oder Wünsche herankommen. Also teilen wir unsere persönlichsten Empfindungen und Fantasien nur mit den uns vertrautesten Menschen.

Bleiben wir im Bereich der physischen Nähe und der Distanz von Körpern, müssen uns auch die Abstände interessieren, die dem sozialen Kodex unterschiedlicher Kulturen entsprechen. In Westeuropa gilt die Armlänge als Schutzdistanz. Wer die Grenze, die mein ausgestreckter Arm berühren könnte, überschreitet, betritt mein persönliches Territorium. Außerhalb meiner Armlänge ist sozialer Raum, und natürlich hat das mit einer Schutzdistanz zu tun: Außerhalb meiner Armlänge kann der »Feind« mich nicht angreifen und verletzen.

In anderen Kulturen, in arabischen Regionen oder im Mittelmeerraum, sind die Distanzen eher verkürzt, weil körperliche Berührungen, beispiels-

Die im deutschsprachigen Raum bevorzugte Haltung ist die frontale Begrüßung, Körpermitte zu Körpermitte. Die akzeptierte Distanz macht etwa eine Armlänge aus. Das Überschreiten dieser Distanz zeigt Dominanz und den Wunsch, herauszufinden, wie weit man gehen könnte. Das aber zwingt den anderen zu Anspannung oder nachzugeben.

Eine Begrüßung, wie wir sie von der angelsächsischen Welt lernen können: Wir stehen einander nicht zentral, Körpermitte zu Körpermitte, gegenüber, unsere Körperstellung bildet vielmehr einen offenen Winkel. Diese Haltung vermeidet die Konfrontation. Der Mittelkörper bleibt frei.

Begrüßung unter Männern. Nähe und Distanz sind hier sorgfältig unterschieden.
Die Herzlichkeit der Umarmung zeigt sich ungeschmälert in der oberen Brustpartie der beiden, während die Distanz die unteren Körperpartien auseinander hält.

Begrüßung zwischen Mann und Frau: Die Annäherung ist von Zurückhaltung bestimmt. Der Wangenkuss bleibt eine Andeutung. Körperberührung nur mit einer Hand. Die beiden Arme in der Mitte bauen noch eine kleine Schranke.

Ihre Hand reguliert die Distanz und bestimmt, wie nahe ihr Gegenüber ihr kommen kann.

weise Umarmungen, auch im sozialen Umgang zu den legitimierten Formen dieser Gesellschaften zählen. Grundsätzlich spielt auch die Körperhaltung selbst eine Rolle für die Art einer Begegnung zwischen zwei Menschen. Auch im deutschen Kulturkreis überwiegt die volle Zuwendung der Körper, Mitte zu Mitte. Wenn die Arme nicht vor der Brust verschränkt werden, wird auch die weiche Bauchfläche dargeboten: Vertrauen gegen Vertrauen. Die Stimmung verändert sich aber schlagartig, wenn die Distanz weiter verkürzt wird und der Blick den anderen zu fixieren beginnt, wobei sich die Muskulatur automatisch verhärtet. Hier wird Aggressivität signalisiert: Ich rücke dir auf den Leib, und wenn du dich nicht wehrst, wenn du deine Rechte nicht verteidigst, gewinne ich ohne Weiteres die Dominanz über dich, und du bist der Schwächere!

Ganz anders ist die Situation, wenn die Körper, wie es in der angelsächsischen Welt üblich ist, einen offenen Winkel zueinander bilden. Der offene Winkel ergibt sich, da die Partner Schulter an Schulter zusammenstehen und der Mittelkörper jeder Konfrontation ausweicht. Man liefert sich auf diese Weise dem anderen nie ganz aus, bewahrt sich vielmehr einen Ausweg. Der Unterschied zwischen diesen Stellungen lässt auch auf die Intensität des Austausches zwischen zwei Menschen schließen. Stehen

Begrüßung oder Abschied eines verliebten Paares: Hier ist der ganze Körper verlangt. Es passt kein Strohhalm mehr zwischen die beiden jungen Leute. Der Kontakt mit dem ganzen Körper ist nicht nur erlaubt, sondern von beiden erwünscht.

sie einander parallel gegenüber, so bezeichnet das volle Aufmerksamkeit und Nähe, stehen sie im offenen Winkel, so heißt das eher: Ich bin wohl bei dir, aber von Zeit zu Zeit werfe ich auch einen Blick auf die übrige Welt und das, was sie zu bieten hat. Gerade bei der Begrüßung, also bei der ersten Kontaktaufnahme, spiegeln sich die Unterschiede deutlich wider: In Frankreich oder Lateinamerika, wo der Wangenkuss bei der Begrüßung üblich ist, kommen sich die Partner zwar räumlich näher, beachten aber genaue Rituale der Distanz, indem sie während des Kusses ihren Unterkörper deutlich zurückhalten. Mit einer Hand auf der Schulter des anderen können sie die gewünschte Distanz jederzeit regulieren. Dabei schauen sie dem anderen keineswegs direkt in die Augen, sondern sozusagen an einem Ohr vorbei. Damit ist die Intimität des Wangenkusses wieder aufgehoben. Schulterklopfen, wie wir es unter Männern aus dem Orient oder auch südamerikanischer Herkunft regelmäßig beobachten können, betont die kumpelhafte Note der Begrüßung und vertreibt jeden Hauch von Zärtlichkeit. In all diesen unschuldigen Ritualen wird darauf geachtet, das Becken nicht an der Umarmung zu beteiligen, da damit die Distanz zur intimen Nähe markiert ist.

Verliebte dagegen machen es genau anders. Hier soll es der ganze Körper sein, der die Intimität der Begrüßung mitempfindet.

Körpersignale

Unser Körper sendet unablässig Signale aus. Ein Teil davon sind Einladungen zu vertrautem Kontakt, der andere das Gegenteil. Wie sieht es aus, wenn wir den Kontakt suchen? Zuallererst werden wir einen Augenkontakt initiieren, den wir einen Moment lang haften lassen, ohne unser Gegenüber zu fixieren, weil darin etwas von Bedrohung spürbar würde. Wir wenden dem anderen den Oberkörper in einer leichten Neigung ungeschützt zu, um Offenheit zu zeigen und damit zu demonstrieren, dass wir uns nicht gegen ihn schützen wollen, sondern uns ihm im wahren Sinne des Wortes zuwenden. Je offener wir unsere Brust präsentieren, den anderen also nicht nur unsere Schmalseite sehen lassen, die weniger Angriffsfläche bietet, umso deutlicher erklären wir unsere Bereitschaft, ihm zu vertrauen.

Strecken wir unsere Hand etwas über eine imaginäre Mittellinie zwischen den beiden Körpern aus, sprechen wir eine Einladung aus, die lautet: »Komm näher! Du siehst, ich komme dir entgegen!« Ziehen wir die Hand zurück, wenn der andere sich uns nähert, ist die Aussage ebenso deutlich eine ausgesprochene Abweisung.

Wir sollten versuchen, die Signale des anderen richtig zu interpretieren, bevor wir es zu einem physischen Kontakt kommen lassen. Signale lassen sich nämlich sehr leicht missverstehen. Sendet jemand beispielsweise Signale von Angst oder Hilflosigkeit, verleitet er sein Gegenüber oft zu einer Beschützerattitüde. Wir neigen dazu, wie Eltern zu handeln, von denen der andere Trost und Schutz erwartet. Diese Attitüde lädt dazu ein, ihn zu berühren, auch weil wir wissen, dass Berührung nicht nur beruhigt, sondern zwei Menschen auch in gleichen Rhythmus versetzen kann, und gleicher Rhythmus fördert erfahrungsgemäß das gegenseitige Verstehen. Allerdings erscheint es fraglich, ob unser Gegenüber unsere vermeintliche Elternschaft überhaupt akzeptiert. Vielleicht suchte er wirklich Trost und hat um unser Verständnis geworben, aber so viel Nähe, wie sie die Berührung ausdrückt, ist ihm zu viel des Guten. Jetzt kommt es darauf

Er zieht sie zu sich heran. Sie wehrt sich nicht, und zwar aus Respekt, wie der versteckte Daumen (Dominanzfinger) der linken Hand andeutet.

Eingeschränkte Freiheit, auch wenn er sagt: »Ab heute kannst du machen, was du willst ...«

Der Blick über ihre Schulter wird von ihr akzeptiert, da er gemeinsamem, sachbezogenem Interesse dient und die soziale Distanz eingehalten wird.

an, dass wir seine Abwehr, die sich vielleicht nur in kleinsten Körpersignalen ausdrückt, in einem winzigen Zusammenziehen der Muskulatur, eine leichte Abwendung des Körpers oder des Blickes, schnell genug erkennen, um ihn nicht einer Peinlichkeit auszusetzen, die unsere Hilfsbereitschaft zudem irrelevant werden ließe.

Beschützerfunktionen weisen wir oft nicht nur dem Verhältnis von Mann und Frau zu, sondern auch öffentlichen Autoritätspersonen, Politikern, Firmenchefs, Vorgesetzten überhaupt. Damit werden auf diese Funktionsinhaber Fähigkeiten projiziert, die sie vielfach gar nicht besitzen. Nehmen diese Entscheidungsträger tatsächlich die Aufgabe an, ihre Schutzbefohlenen in ihren Schutz zu nehmen, entsteht bei diesen sogleich der Zwiespalt zwischen Freiheitsdrang und Sicherheitsbedürfnis. Nähe gepaart mit Sicherheit schafft Gewohnheit, mit der sich leben lässt. Die Frage wird jedoch immer sein, wie stark sich auf die Dauer die eigenständigen Impulse des Einzelnen durch die Macht der Gewohnheit verlangsamen oder wie schnell das Neue die Zufriedenheit vertreibt.

Auf Augenhöhe: Beide Mittelkörper sind zueinander offen. Die Blicke konzentrieren sich auf die gemeinsame Arbeit.

Scheu vor Nähe. Sie benutzt ihre Haare als Vorhang und blickt vorsichtig dahinter hervor, als traute sie seinen Absichten nicht.

Sie hat die Barriere aufgehoben. Die beiden schauen einander freundlich an, aber sie lehnt sich zurück und vergrößert so den Abstand zu ihm. Sie hat ihre Scheu noch nicht ganz abgebaut.

Körpersignale können aber auch die Widersprüchlichkeit von Gefühlen ausdrücken. Vielleicht will unser Gegenüber uns sagen: »Ich möchte zwar berührt werden, aber Scham und Konvention halten mich zurück.« Dann zeigt sich der Widerspruch darin, dass sich der Körper zurückzieht, der Blick jedoch an unserem haften bleibt: »Bitte nicht aufgeben!« Oder umkehrt: Der Körper bleibt uns zugewandt, aber der Blick wendet sich ab, was wiederum heißen könnte: »Ich will es nicht provoziert haben, aber wenn du mich dennoch in den Arm nimmst, werde ich mich nicht wehren.«

Auch die bereits beschriebenen Beschützerinstinkte lassen sich durch solche Signale wecken, wirkliche Partnerschaft jedoch wächst nicht aus einer Eltern-Kind-Beziehung.

Ich habe von Hierarchien gesprochen, die Höherstehende dazu verführen, die Grenzen von Nähe und Distanz mutwillig zu übertreten. Der Körper signalisiert die Abwehr der Betroffenen ziemlich klar. Es ist deutlich zu erkennen, wie die Muskulatur sich zusammenzieht, die Bewegungen gehemmt werden, die Arme sich nicht mehr frei öffnen. Es ist, als ob sie

Die Gruppe bildet einen lockeren Gesprächskreis, der in sich geschlossen ist.

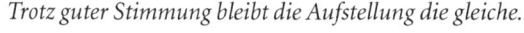

Ein Vorgesetzter will sich dazu gesellen. Sofort verwandelt sich der Kreis in eine Linie, die dem Chef wie zum Appell angetreten gegenübersteht. Die Distanz ist deutlich.

Trotz guter Stimmung bleibt die Aufstellung die gleiche.

Ein weiterer Mitarbeiter kommt hinzu. Was geschieht? Der Kreis findet erneut zusammen. Die Nähe ist wiederhergestellt.

Der Vorgesetzte holt sich einen Kaffee. Sogleich bildet sich ein freier Raum um ihn. Der Kreis wird wieder zur frontalen Linie.

festgehalten würden. Der Blick wendet sich von dem Verursacher ab, irgendwelchen Dingen, Papieren oder anderem zu. Damit teilt der Betroffene dem Vorgesetzten klar genug mit: »Du bist mir zu nahe gekommen.« Vielleicht streckt er sogar den Arm oder die Hand zwischen sich und den Angreifer, um eine Schranke zu errichten und die Distanz zu bezeichnen, die er sich wünscht. Akzeptiert der Vorgesetzte die Signale und zieht sich ein wenig zurück, erleichtert er es seinem Mitarbeiter, sich wieder zu öffnen. Wird das Signal verstanden und ernst genommen, wird auch das Vertrauen zurückgewonnen.

Natürlich entsteht durch Zusammenarbeit auch Vertrautheit, die vielleicht auch Berührungen zulässt. Dennoch bleibt die Hierarchie stets, was sie immer war, und sie verlangt Distanz. Man kann immer wieder beobachten, dass beispielsweise der Arzt der Helferin oder der Vorgesetzte seiner Sekretärin auf die Schulter tippt, um ihre Aufmerksamkeit auf sich zu lenken. Umgekehrt wird es jedoch kaum einmal so sein. Es muss dem Betroffenen nicht unbedingt unangenehm sein, trotzdem wird jedes Mal das Recht des Einzelnen auf Distanz verletzt.

Der Vorgesetzte sucht ein näheres Gespräch mit einem einzelnen Mitarbeiter, doch die übrigen Mitarbeiter schauen ihm zu und bleiben wie aufgefädelt in einer Reihe stehen.

Signale, wie ich sie hier für das Verhältnis zwischen einzelnen, unterschiedlichen Hierarchie-Ebenen angehörenden Personen beschrieben habe, kehren im Gruppenverhalten unverändert wieder. Stellen wir uns eine Gruppe gleichgestellter Mitarbeiter eines Unternehmens vor, die miteinander diskutieren. Die Atmosphäre ist sichtlich entspannt, die Konversation fließt leicht dahin. Kaum betritt ein höhergestellter Angestellter den Raum, fühlt sich die Gruppe auf der Stelle eingeengt. Die Reaktion fällt genauso aus wie im Einzelfall. Der Vorgesetzte wird als Eindringling empfunden, der nun allen anderen per se zu nahe getreten zu sein scheint, man verschließt sich, macht sich hart, damit »der Fremde« nicht noch weiter in die Gemeinschaft eindringen kann. Erst wenn er den Raum wieder verlässt, lockert sich die Atmosphäre wieder. Jeder Fremde würde übrigens auf diese Reaktion treffen, müsste – Hierarchie hin, Hierarchie her – erst Vertrauen gewinnen. Solange dies nicht geschehen ist, fühlt weder er sich frei noch die anderen wären es. Ein neuerlicher Austausch von Körpersignalen muss den Weg dazu ebnen.

Fremd zu sein in neuer Umgebung ist seit jeher eine Menschheitserfahrung. Doch erst in unserer Zeit der mobilen Arbeitswelt wurde sie endgültig zum Alltag für beinahe jeden und zu einem sich ständig wiederholenden Phänomen.

Wer fremd ist, sucht Nähe. Gleichgültig ob ein Mensch vom Land in die Stadt umzieht, aus der Kleinstadt in die Großstadt, er trifft zunächst einmal auf Anonymität. Die erste Möglichkeit, Nähe zu finden, bietet zumindest für den Alleinstehenden der Arbeitsplatz. Hier kommt es darauf an, die Grenzen der Zuständigkeit zu beachten. Der Wunsch nach persönlichem Kontakt muss zurückstehen, obwohl nicht zu übersehen ist, dass der Arbeitsplatz den einfachsten Anknüpfungspunkt für persönliche Nähe bildet. Eingeschränkt wird diese Möglichkeit durch ein ungeschriebenes Gesetz, das sagt: Die Tatsache allein, dass wir miteinander arbeiten, gibt dir noch lange nicht das Recht, mir zu nahe zu kommen!

Der Arbeitsplatz ist schließlich auch ein öffentlicher Raum. Nichts bleibt unbeobachtet, und leicht kommen Verdächtigungen auf, die auf der Vermutung beruhen, ein Mitarbeiter werde wegen seiner persönlichen Beziehung zu einem anderen bevorzugt. Diese Atmosphäre von Beobachten und Beobachtetwerden erzeugt Stress, ganz abgesehen von den Gerüchten, dass zwei »etwas miteinander haben«. Stets ist die Folge, dass man gewisse Kontakte gern verfolgen und sie gleichzeitig möglichst geheim halten möchte. Wenn hier einer der beiden nicht erkennt oder nicht erkennen will, wann der andere Distanz zu halten wünscht, verletzt er dessen Gefühle, und der andere zieht sich zurück. Wieder sind Blicke die wichtigsten Körpersignale: »Jetzt nicht!« Es kann ja durchaus sein, dass einer der beiden sich im Augenblick allein seiner Arbeit widmen möchte und ihn die private Annäherung des anderen lediglich momentan stört. Will der Partner dies aber nicht verstehen, fühlt sich vielmehr verletzt und verstärkt seine Annäherungsversuche, wird die Irritation eskalieren und Spannungen in der Zusammenarbeit und im privaten Verhältnis der beiden provozieren. Deswegen empfiehlt es sich, es während der Arbeit bei kleinen Zeichen von Verbundenheit zu belassen und den wesentlichen Austausch von Nähe in die Privatsphäre zu legen.

Es ist ganz unstrittig, dass ein achtstündiger Arbeitstag Spannungen entstehen lässt, deshalb kommt es auch zu unzähligen Klagen wegen sexueller Belästigung am Arbeitsplatz. Wir fühlen den Druck durch das Arbeitspensum, das uns auferlegt wird, wir spüren die Enge des Arbeitsplatzes, die Bewegungsarmut, zu der uns die Aufgabe zwingt, kurz, wir fühlen uns unwohl in unserer Haut und möchten diesem Zustand entfliehen. Der Stress sucht ein Ventil. Und als Ventil dienen eben sehr oft schlechte Scherze über Kollegen und anzügliche Bemerkungen gegenüber Frauen, die als sexuelle Belästigung ausgelegt werden können und oft auch diesen Tatbestand ganz offenbar erfüllen.

Falsch verstandene Signale

Aber Körpersignale können auch durchaus falsch interpretiert werden. Sagen wir einmal, ich finde mich ausnehmend attraktiv, laufe wie ein Pfau durch die Räume und bilde mir ein, jeder Blick, den ich von einer weiblichen Person erhasche, sei bereits eine Liebeserklärung. Meine Eitelkeit lässt mich die Signale, die ich erhalte, verkennen. Versuche ich nun eine kleine unerlaubte Annäherung, werde ich durch eigenes Verschulden eine große Enttäuschung erfahren. Ich bin das Opfer meiner eigenen Projektionen. Es gibt auch Signale, die nichts sagen wollen und doch wirken, wie beispielsweise die Kleidung, das Outfit.

Gerade am Arbeitsplatz ist es deshalb wichtig, die kleinen Signale nicht zu übersehen, die Nähe verweigern: die leichte Abwendung, den Abstand, den eine Hand oder ein Arm markiert, das Nicht-Reagieren auf einen Scherz.

Annäherung wiederum hat unterschiedliche Beweggründe. Ist es Freundschaft und der Wunsch nach dauernder Nähe oder handelt sich überhaupt nur darum, sich ein Ventil zu verschaffen für eine momentane Stresssituation? Fast jeder Mensch braucht im Beruf von Zeit zu Zeit einen Blitzableiter, fühlt das Bedürfnis, ein wenig Nähe, ein wenig Zuwendung bei einem anderen zu finden, sozusagen zur Beruhigung seiner Nerven. Diese Konstellation wird gelegentlich zum Schaden beider Beteiligten zu persönlich interpretiert. Denn der Wunsch nach Nähe gilt in diesen Fällen natürlich nicht der Person, sondern nur deren Funktion als Blitzableiter.

Raumsignale

Der Raum, in dem wir arbeiten, steckt voller Möglichkeiten, Zeichen zu setzen. Die geringsten Chancen dazu bietet das Großraumbüro, das die Selbstdarstellungsfläche auf den eigenen Arbeitsplatz beschränkt. Wir können beobachten, wie jeder versucht, seinen Raum durch persönliche Accessoires zu markieren, vielleicht durch ein Bild, ein Foto oder auch eine Pflanze. Außerdem wird er versuchen, sich von zu großer Nähe abzuschirmen, was in Büros, in denen die Mitarbeiter einander gegenübersitzen, nicht ganz einfach zu bewerkstelligen ist. Heutzutage helfen die Computer gelegentlich dabei, kleine Mauern zu errichten. Immer jedoch erzeugt die erzwungene Nähe das Gefühl, ständig unter Beobachtung zu stehen, und steigert den Wunsch nach Distanz. Ein gutes kollegiales Verhältnis kann das Bedürfnis höchstens verringern. Am schwersten fällt die Abschirmung vor unerwünschter Nähe Mitarbeitern, deren Arbeitsplatz sich im freien Raum befindet. Sie können kaum verhindern, dass ihnen jemand ungefragt über die Schulter schaut. Der persönliche Raum ist ungeschützt, Stellwände bilden höchstens provisorischen Schutz.

Je höher wir in der Hierarchie aufsteigen, umso größer werden die Räume und umso mehr Gestaltungsraum steht zur Verfügung. Wer es dahin geschafft hat, kann sich Bewegung verschaffen und damit seine

Raumwirkungen: Zwei einander gegenüber aufgestellte geöffnete Computer bilden eine kleine Mauer, so dass zwei abgeschirmte Arbeitsbereiche entstehen. Die Installation sorgt für leichtere Konzentration jeder der beiden Kolleginnen, schafft jedoch zugleich persönliche Distanz und erschwert die Kommunikation.

Um miteinander Kontakt aufzunehmen, müssen die beiden Kolleginnen eine unbequeme Körperhaltung einnehmen, denn sie haben jedes Mal eine Barriere zu überwinden.

Eine veränderte und vielleicht geschicktere Raumkonstellation mit seitlich verrückten Geräten ist hier zu sehen. Beide Kolleginnen können konzentriert und ungestört an ihren Geräten arbeiten ...

... und der direkten Kommunikation steht nichts im Wege.

Alle geschickte Raumkonstellation nützt jedoch wenig, wenn eine Kollegin intensiv und ausdauernd zu telefonieren hat. Der anderen bleibt nichts anderes übrig, als zu versuchen, sich abschirmend zu konzentrieren.

Energie in Fluss halten. Er muss sich nicht einengen, womit auch seine Kommunikationsfähigkeit steigt. Der Raum gestattet es ihm, Signale zu setzen, die unmissverständlich demonstrieren, wie viel Nähe er dem Besucher zu gewähren beabsichtigt. Will er Nähe, wird er eine Sitzecke zum Gespräch wählen und nicht den Schreibtisch, um die reine Konfrontationsstellung zu vermeiden. Nähe schafft in jedem Fall größere Vertrautheit und einen persönlicheren Ton. Der Schreibtisch wiederum als Verhandlungsplattform prägt das Gespräch von vornherein distanzierter. Wobei Fragen wie diese auch noch eine Rolle spielen: Wie groß ist der Schreibtisch und welchen Abstand vom Partner gibt der Hausherr vor? Stehen die Sessel in großen Abständen voneinander frei im Raum, signalisiert dies: Ich lasse dir Bewegungsfreiheit, lege aber selbst auch Wert auf Distanz und lasse niemand zu nah an mich herankommen! Natürlich sieht eine solche freie Sitzordnung sehr leger und großzügig aus. Zur Nähe lädt sie jedoch nicht ein.

Bei größeren Sitzungen nimmt der Vorgesetzte nicht ohne Grund den Platz am Kopf des Tischs ein. Denn hier sitzt links und rechts niemand neben ihm, und er bewahrt sich auf diese Weise seine Bewegungsfreiheit. Manchmal werden auch noch die ersten Plätze an den Längsseiten des Tischs frei gehalten. Der Chef wünscht eine noch größere Distanz, möchte auf keinen Fall mit den anderen in Berührung kommen. Er verlangt Distanz statt Nähe und demonstriert damit seinen absoluten Herrschaftsanspruch.

An den Längsseiten des Tischs wird es gelegentlich eng. Sind mir die dicht nebeneinander sitzenden Mitarbeiter vertraut, wird mich ihre Nähe nicht stören, sondern gibt mir vielleicht sogar ein angenehmes Gefühl von Verbundenheit und eine Art Gegengewicht zur Übermacht des Vorgesetzten nach dem Motto: »Gemeinsam sind wir stark!« Sitzen dagegen Fremde neben mir oder Leute, die mir nicht sympathisch sind, vielleicht auch nur nicht den gleichen Rhythmus mit mir teilen, werde ich mich beengt fühlen. Die Enge wird mir bewusst und weckt in mir den Wunsch nach Distanz. Doch diesen Wunsch kann ich mir nicht erfüllen, weil ich mir in der geschlossenen Reihe, in der ich sitze, keine Distanz schaffen kann. Der einzige Ausweg ist, mich innerlich zu distanzieren, was mich allerdings daran hindern kann, mich am Gespräch zu beteiligen und meine Energie unbehelligt in Fluss zu halten.

Grundsätzlich empfiehlt es sich also, weniger Leute zu versammeln oder ihnen ausreichend Raum und damit auch geistige Bewegungsfreiheit zu geben. Nähe könnte dann freiwillig, das heißt, durch Zuwendung entstehen und nicht durch verordnete Enge. Sind die Ausführungen des Vortragenden allerdings interessant genug, wird sich ihm die Aufmerksamkeit und Energie der Zuhörer zuwenden, und sie werden vergessen, dass links und rechts von ihnen überhaupt jemand sitzt. Ihre Energie wird nach vorn gezogen und verteilt sich nicht mehr nach links und rechts, und sie können der erzwungenen Nähe entfliehen. Sie orientieren sich frontal nach vorn, wofür ihnen auch der Raum zur Verfügung steht. Jedenfalls spielt die Sitzordnung eine wesentliche Rolle für den unbehinderten Energiefluss aller Beteiligten und ist damit die Voraussetzung für optimale Aufmerksamkeit.

Auch der runde Tisch eignet sich hervorragend für Konferenzen aller Art, vorausgesetzt, er bietet ausreichend Platz für alle Teilnehmer. Enge

Ein Arbeitsplatz auf dem Gang verhindert es, sich eine private Atmosphäre zu bauen, sich ein vertrautes, eigenes Territorium zu schaffen und sich wohlzu-fühlen.

Schon lässt sie die Hände sinken, als zwei Kollegen diskutierend hinter ihr vorbei gehen. Die Irritation beginnt bereits damit, dass überhaupt jemand hinter ihrem Rücken agiert. Niemand spürt gern einen Fremden in seinem Rücken.

Kein Wunder, dass sie sich schließlich umdreht, um sehen zu können, wer da hinter ihr geht. Ihr Blick spricht von Irritation.

kann selbstverständlich auch am runden Tisch entstehen, und zwar mit denselben unangenehmen Konsequenzen.

Enge, das haben auch Versuche mit Ratten und Mäusen ergeben, erzeugt Stress. Dieser führt generell entweder zu inneren Schäden, weil die Flucht nach innen führt, oder zu Aggression nach außen. Denken wir einen Moment an unsere Schulzeit, an überfüllte Klassen, an die relativ kleinen Tische, an denen die Schüler eng nebeneinander sitzen müssen. Lehrer können ein Lied davon singen, wie die Enge die Kinder dazu reizt, einander gegenseitig anzugreifen, da sie den Wunsch nach Distanz anheizt. Natürlich wird der Angegriffene sich wehren oder sich zu entziehen suchen, also Distanz zu finden. Wird straffe Ordnung in der Klasse verlangt, blockiert die erzwungene Nähe die Aufmerksamkeit der Schüler. In der Pause wird endlich durch Rennen und Schreien der Stau abgebaut, den die Enge im Klassenzimmer verursacht hat. Es existieren viele Möglichkeiten, diesen Zustand zu ändern. Arbeiten die Kinder in kleineren Gruppen an großen Tischen und gehen die Lehrer von einem Tisch zum anderen, von einer Gruppe zur anderen, ist schon viel gewonnen, vor allen Dingen ist die Enge aufgelöst, die blockierend wirkt.

Im öffentlichen Raum, bei Veranstaltungen, im Kino oder in der Straßenbahn werden die meisten von uns, jedenfalls in westlichen Ländern, versuchen, einen Platz zu finden, der nicht unmittelbar an einen anderen, schon besetzten anschließt, sei es, um den persönlichen Raum eines anderen zu respektieren, sei es, um sich selbst den eigenen Freiraum zu bewahren. Im Bus, im Zugabteil und wenn möglich auch im Flugzeug blockieren wir den Nachbarplatz mit Taschen oder Mänteln, damit uns niemand zu nahe kommt.

Ganz zu vermeiden ist unerwünschte Nähe im öffentlichen Raum gewiss nicht. Es gibt auch Länder und Regionen, in denen die Menschen die Nähe brauchen und suchen. Für unsere Breiten gilt das nicht. Es gibt aber auch eine gewisse Technik, auf engem Raum, beispielsweise im Lift oder im überfüllten Bus, sich eine Art Pseudodistanz zu verschaffen, wenn mir daran liegt zu signalisieren, dass ich trotz physischer Nähe nicht bereit bin, meine persönliche Distanz aufzugeben. Das Wichtigste dabei ist, jeden Blickkontakt zu vermeiden, denn wer mich ansprechen will, wird zunächst meinen Blick suchen – und das bestimmt mehrfach. Schaue ich gar nicht auf, prallt der Blick ab. Ein gleichgültiger Gesichtsausdruck und

Jeder in der Gruppe verfügt über einen Freiraum um sich herum. Eine lockere Sitzordnung stärkt die Aufnahmebereitschaft der Mitarbeiter.

Konferenzsituationen: Nur der Chef verfügt über Bewegungsspielraum, da er am Kopfende des Tisches sitzt. Einerseits schafft die enge Sitzordnung der Mitarbeiter eine Art Wir-Gefühl, gleichzeitig engt sie den individuellen Freiraum des Einzelnen ein.

Der Mitarbeiter in der Mitte ist eingeengt, was auch auf seine Psyche oder jedenfalls seine Stimmung einwirkt. Die Mitarbeiter auf den Flügelpositionen schaffen nur durch Zuwendung des Körpers zur Mitte eine Intention der Kreisbildung, um nicht ausgeschlossen zu sein.

Der Mitarbeiter in der Mitte verschafft sich Raum, da er sich mit beiden Händen von den Kollegen an seiner Seite abgrenzt.

eingeschränkte Bewegungen können ein Übriges tun. Ein ausdrucksvolles Gesicht dagegen zeigt Bewegung, und Bewegung reflektiert Gefühl, und Gefühle wiederum signalisieren Zugänglichkeit. Dabei kann es passieren, dass jemand, der seine Ruhe haben will, ein Buch in die Hand nimmt und zu lesen beginnt, um damit seinen Wunsch nach Distanz zu demonstrieren, durch seine Reaktion auf das Gelesene – etwa Lachen – den anderen geradezu dazu einlädt, seine Annäherungsversuche zu erneuern. Wer keine Annäherung wünscht, verhält sich am besten ganz still, so als wäre er gar nicht vorhanden. Japaner beispielsweise, die an sich ausgesprochen kommunikativ sind, schließen in diesem Fall einfach die Augen.

Will ich dagegen Kontakt aufnehmen, werde ich mich durch die Zuwendung meines Mittelkörpers öffnen, werde lächeln und Augenkontakt suchen. Damit ermutige ich mein Gegenüber zur Kontaktaufnahme und zum Gespräch. Allerdings sollten meine Signale nicht zu intensiv ausfallen, um den anderen nicht einzuschüchtern oder meinerseits aufdringlich zu erscheinen.

Wie man das Bedürfnis nach Distanz auf die Spitze treiben kann, zeigt dieses japanische Foto. Die junge Frau auf der einen und der junge Mann auf der anderen Seite sind so weit auseinander gerückt, dass ein Zusammenkommen unmöglich erscheint. Aber da zeigt sich ein Widerspruch: Die Überschlagsrichtung der Beine weist nämlich auf gegenseitige Offenheit. Hätten die beiden die Zeitung weggelegt und Blickkontakt miteinander, stünden die Zeichen deutlich auf Annäherung.

Er berührt die Kollegin an ihrem Handgelenk. Sie zieht die Hand aber nicht zurück und hält auch den Augenkontakt mit ihm aufrecht. Die Nähe wird positiv angenommen.

Menschen brauchen Phasen des Alleinseins, in denen sie ganz für sich sein können. Unter ständiger Beobachtung zu stehen, wie Gefangene in ihrer Zelle, die selbst bei den intimsten Verrichtungen beobachtet werden oder jedenfalls beobachtet werden können, führt zu großen Irritationen und starken Angst- und Stresssymptomen. Es gleicht einer Folterung. Bei Verhören steht der Mensch nicht nur unter ständiger Beobachtung, er ist auch den Annäherungen der Verhörenden ausgesetzt. Er kann nicht wissen, wie weit sie gehen werden, und im schlimmsten Fall bricht er zusammen, und zwar nicht, weil man ihn geschlagen hätte, sondern weil er den Druck der Ungewissheit und der ständigen Verfügbarkeit nicht aushalten kann.

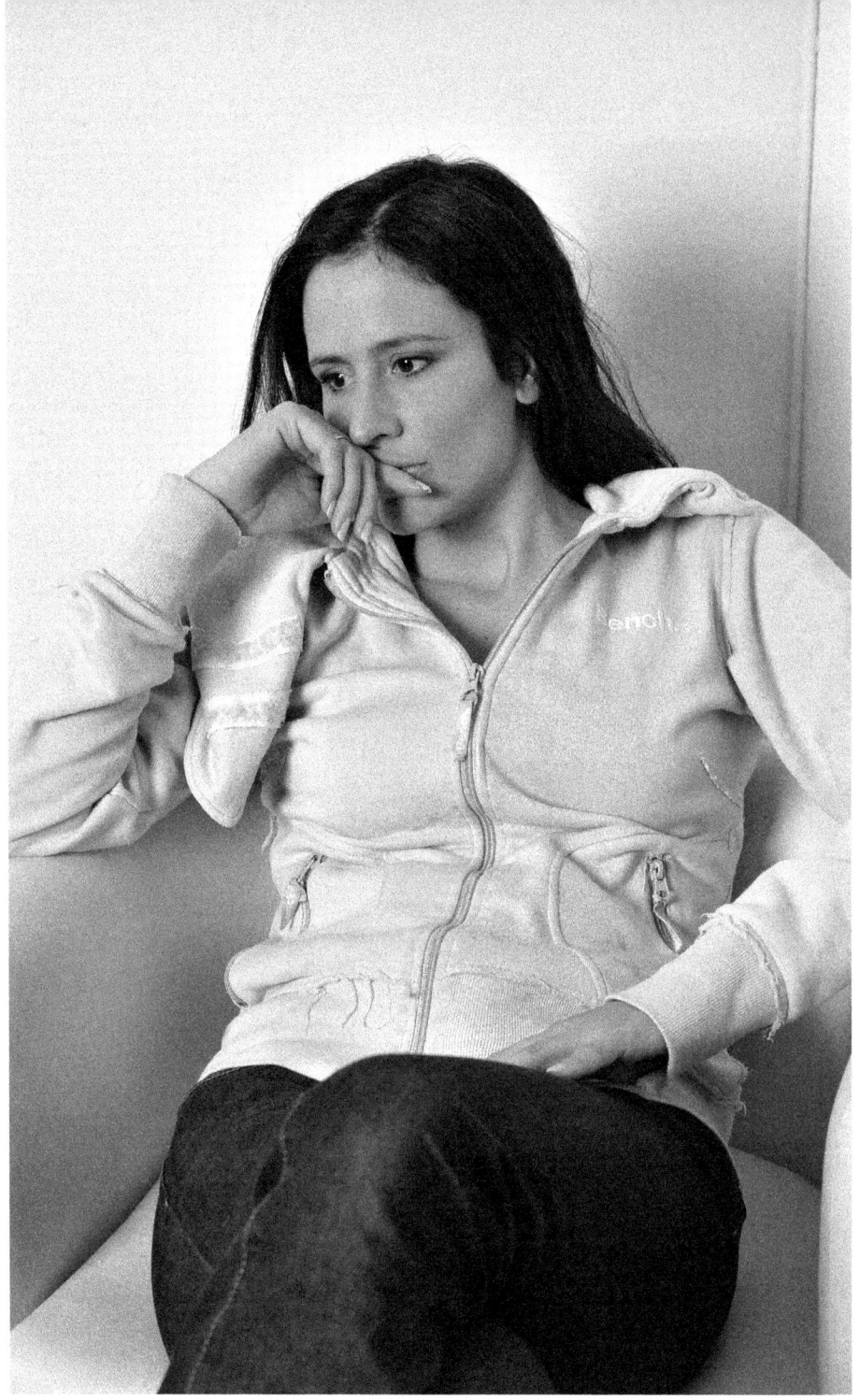

Ihre rechte Hand schirmt ihre rechte Seite ab, und das übergeschlagene linke Bein ihre linke. Sie will mit ihren Gedanken allein gelassen werden.

Wir empfinden ungefragte Nähe ja schon im ganz zivilen Leben als Bedrohung. Ich habe schon erwähnt, dass der angemessene Abstand für eine Begrüßung eine Armlänge ausmacht. Wir treffen uns in der Mitte, reichen einander die Hand, schauen uns kurz in die Augen, und wir wiederholen den Blick von Zeit zu Zeit, um festzustellen, ob die Aufmerksamkeit des Partners noch gegeben ist. Drängt sich jemand näher an uns heran, empfinden wir es als Angriff. Wir weichen zurück oder wir bleiben stehen und sind in Kampfbereitschaft versetzt, was jede Kommunikation verhindert. Besonders selbstbewusste Person lassen es darauf ankommen. Sie drängen sich bewusst in die Schutzzone des Partners, und sie pokern: Wehrt er sich, kann ich auf Augenhöhe mit ihm verhandeln; weicht er zurück, werde ich nachdrängen, um meinen Sieg auszunutzen und ihm Terrain abzugewinnen, da er es freiwillig räumt.

Unfreiwillige Nähe

In der Öffentlichkeit haben wir manchmal die physische Nähe von sehr vielen Menschen zu ertragen, was uns nicht immer leichtfällt. Wir erleben es in öffentlichen Verkehrsmitteln, bei Kundgebungen, Volksfesten, aber auch im Theater, im Konzertsaal oder im Kino, wo wir durch die Dunkelheit während der Vorstellung zumindest ein wenig abgeschirmt sind. In der freien Öffentlichkeit kommt es durchaus zu wirklichen, fühlbaren Berührungen, und manchmal gerät man geradezu in Bedrängnis. Was dann normalerweise geschieht, ist wiederum ein leichtes Zusammenziehen der Muskeln, mit dem wir uns versteifen, als ob wir jede Empfindung, jede Wärme abwehren wollten, die aus einem anderen Körper zu uns dringt, um eine Art Schutzmantel zu bilden, um die eigene Empfindung zu reduzieren. Dabei schauen wir natürlich niemanden an. Wir vermeiden jede stärkere Bewegung, weil sie beantwortet werden könnte, und die Antwort wäre entweder Annäherung oder Aggression. Beim Schlangestehen oder im Gedränge werden wir häufig zu Zeugen von Aggressionen. Indem ich mich versteife, versuche ich meine Unbeweglichkeit zu signalisieren, die es mir unmöglich macht, meinerseits zu drängeln. Damit mache ich es mir auch selbst leichter, die mich einschließende Nähe zu ertragen. Denn jedes Gefühl löst eine Bewegung aus und

Bewegung wäre schon wieder eine Antwort. Ich will aber nicht antworten, weil ich die Kommunikation schlicht verweigere. Löst sich unwillkürlich und absichtslos meine Hand und entsteht eine Berührung, wird mich unvermeidlich auf der Stelle ein strafender Blick treffen, der, wenn die zufälligen Nachbarn Mann und Frau sind, sich auch in eine Ohrfeige verwandeln kann.

Leider sind Menschen von großer Lockerheit und kommunikativem Verhalten, die offen für ein kurzes Gespräch, einen kurzen Gedankenaustausch sind, selten anzutreffen. Solche Mitmenschen sind dann meist auch frei von Vorurteilen, gesellig und voller Humor.

Unfreiwillige Nähe erfahren wir aber auch und vor allem von Personen, die ich gerne als »Berufsberührer« bezeichne, und ich meine damit in erster Linie die Ärzte. Sie drängen sich nicht allein in meine Nähe, sondern man drängt sich in meinen Körper. Der Zahnarzt zum Beispiel steckt seine Finger in den offenen Mund. Seine Arbeit bringt seinen Körper nah an den des Patienten heran. Es geht noch gar nicht um Schmerzen, sondern einfach um Nähe. Dabei hilft es nichts, dass man uns freundlichst auffordert, »ganz locker« zu bleiben, denn allein schon durch die unerwünschte Intimität versteift sich unsere Muskulatur. Unsere Angst, so unbegründet sie sein mag, tut ein Übriges. Die meisten Patienten vermeiden vorsichtshalber jeden Augenkontakt, viele schließen einfach die Augen. Der Arzt sollte jetzt möglichst sachlich bleiben. Es irritiert uns eher, wenn er versucht, durch einen kleinen Scherz Lockerheit beim Patienten zu erzeugen. Hier kämpfen zwei Prinzipien gegeneinander. Es wäre zwar besser, wenn der Patient sich lockerte, aber durch die unerwünschte Nähe versteift er sich noch mehr. Hat der Arzt seine Arbeit getan, sollte er seinen Sessel in eine gewisse Distanz zum Patienten stellen, um mit ihm zu sprechen, und nicht in eine Nähe, die ihm nicht zusteht. Solche Distanzierung erzeugt ganz von selbst eine Lockerung der Stimmung, die das Gespräch zwischen Arzt und Patienten erleichtert.

Viel ernster wird die Situation, die weibliche Patienten bei gynäkologischen Untersuchungen zu ertragen haben. Allein die Stellung, die von der Frau im gynäkologischen Stuhl eingenommen werden muss, kann nicht nur als unangenehm, sondern auch als erniedrigend empfunden werden, wenn der Arzt ohne Zartgefühl vorgeht. Zumindest sollte er die Patientin fragen, ehe er seine Untersuchungen beginnt, damit die Betroffene das Gefühl haben kann, mit entschieden zu haben, was geschieht, und ihm gestattet zu haben, ihr so nahe zu kommen.

Das sind zwei Beispiele für unzählige Variationen desselben Problems, das sich zwischen »Berufsberührern« und Patienten ergibt, die ewig Laien bleiben werden, beim Zahnarztbesuch wie bei Operationen der kompliziertesten Art und an den intimsten Bereichen des Menschen.

Zu einer großen Diskrepanz von Nähe und Distanz kommt es auch in der Pflege alter oder bedürftiger Menschen. In den Pflegeberufen wird vielleicht das höchste Maß an Selbstüberwindung verlangt, das sich denken lässt. Nicht allein dadurch, dass die alten oder kranken Menschen gebettet, gewaschen, und aufs Intimste berührt werden müssen, wird die Belastung des Pflegepersonals so hoch, sondern weil sie damit konfrontiert werden, dass die Patienten sich ihnen, also im Grunde völlig fremden Menschen, ausliefern müssen, von ihnen auf eine befremdliche Weise abhängig sind. Im Allgemeinen beschränkt sich das Pflegepersonal darauf, die Arbeit höflich und professionell zu erledigen, um zu signalisieren, dass es die unvermeidliche Nähe auf keinen Fall zu persönlichem Kontakt nutzen will. Für den Hilfsbedürftigen bleibt es dennoch schwer erträglich, diese Nähe Tag für Tag und vielleicht Nacht für Nacht in Anspruch nehmen zu müssen. Denn außer der offenbaren Schwäche und Reduzierung der eigenen Person bleibt es auch noch außerhalb der eigenen Entscheidungsgewalt, wann Nähe und wann Distanz gegeben sein wird. Welcher Patient wird schon gefragt, wann er gewaschen werden möchte? Würde man ihn fragen, bliebe ihm jedenfalls das Gefühl, er selbst bestimme über Nähe und Distanz.

Den Menschen, die rund um die Uhr der Pflege bedürfen, bleibt so gut wie gar keine Zeit, in der sie mit sich allein sein können. Fremde wühlen in ihren Habseligkeiten, blättern in ihren Papieren, waschen sie, kleiden sie, bestimmen über den Ablauf ihrer Tage und Nächte. Diese Belastungen lassen sich mildern, indem es stets dieselben Personen bleiben, die in unmittelbarer Nähe beschäftigt sind. Man sollte auch nicht vergessen anzuklopfen, bevor man ein Krankenzimmer betritt, statt die Tür einfach aufzureißen. Auch sollte man den Patienten fragen, ob er für bestimmte Tätigkeiten oder Vorgänge bereit sei, selbst wenn es nur pro forma geschähe. Es kann zu einem seelischen Problem für den Patienten werden, nicht eine Sekunde für sich selbst übrig zu haben, gerade dann, wenn er ständig auf fremde Hilfe angewiesen ist. Es scheint mir wichtig, dem Patienten das Gefühl zu vermitteln, dass es auch für ihn Zeit gibt, dass er gewisse Dinge für sich behalten darf, dass er sich bei all der unfreiwilligen Nähe von Zeit zu Zeit Distanz schaffen darf, und sei es durch Unzufriedenheit, die er auch einmal nicht herunterzuschlucken braucht. Gelegentlich zu klagen, verleiht Distanz und damit Erleichterung. Wer klagt, bestätigt sich sein eigenes Ich. Es erlaubt ihm, wieder Grenzen zu setzen zwischen sich und den anderen.

Personalknappheit in Kliniken ist leider ein allzu bekanntes Problem. Es hindert das Pflegepersonal daran, sich nach den Wünschen der Patienten zu richten. Nicht der Rhythmus der Patienten bestimmt den Arbeitsablauf, sondern der Rhythmus des Dienstplans. Sollte es nicht möglich sein, das Vorgehen jedes noch so einfachen Hotels bis zu einem gewissen Grad zu übernehmen, nach der beim Aufräumen auch einmal ein Zimmer übersprungen wird, wenn der Gast es wünscht, stattdessen sich erst um den nächsten Raum zu kümmern und später zurückzukehren, wenn der betreffende Bewohner bereit ist? Es gäbe dem Patienten etwas von seiner Würde zurück mit dem Gefühl, selbst entscheiden zu können, wann er bereit ist, sich wiederum der unfreiwilligen Nähe auszusetzen.

Viel wichtiger aber scheint es mir, eine, wenn man so will, intellektuelle und emotionale Distanz zuzulassen. Das heißt, Verständnis dafür aufzubringen, dass ein Mensch nicht alles und vor allem nicht jedermann alles zu erzählen wünscht. Eine Aussprache über emotionale Probleme sollte nur einer Vertrauensperson gegenüber stattfinden müssen. Räumliche Distanz ist dem rundum pflegebedürftigen Patient versagt, intellektuelle und emotionale Distanz sollte er erwarten dürfen.

Sobald es möglich ist, diese Fragen offen anzusprechen, wird es möglich sein, sie zu lösen. Denn beide, Pfleger und Patient, haben mit der Balance zwischen Nähe und Distanz zu tun. Es ist für eine Krankenschwester nicht immer einfach, damit fertig zu werden, dass ein Patient, für den sie wirklich alles getan hat, deutlich nach Distanz verlangt. Muss sie ihn in diesem Moment nicht für undankbar halten? Es bedarf Geduld und Einfühlungsvermögen, um zu akzeptieren, dass es sich nicht um eine Abwendung von ihrer Person handelt, sondern dass schlicht jenes Übermaß an Nähe den Wunsch nach Distanz übermächtig werden lässt: eine seelische Notwendigkeit. Zuletzt ist alles eine Frage des gegenseitigen Verständnisses. Wenn wir einander akzeptieren, wird es möglich sein, aber wahrscheinlich nur dann, wenn es uns gelingt, eigene Gefühle von Verstimmung zu überwinden.

Allein unter vielen – Raumgewinn

Im Orient lebt nach wie vor eine sehr schöne Tradition, Abstand zu nehmen. Anders als in Europa, wo man sich in sein Zimmer zurückzieht und die Tür zumacht, hat im Orient die Zeltkultur ihren Einfluss nicht verloren. Im Zelt lebten alle in einem großen Raum, es gab keine Türen, die man hätte schließen können. Noch heute sieht man im Orient, im Zelt wie früher oder in anderen öffentlichen Räumen, wie jemand sich in sich selbst versenkt. Niemand wird ihn stören. Er will im Moment weder angesprochen werden noch sich selbst ausdrücken. Ich habe diesen Vorgang häufig in Kaffeehäusern im Mittelmeerraum beobachten können. Dort sitzen die Männer oft und lange in Kaffeehäusern. Man unterhält sich, nur einer mitten unter ihnen ist ganz in sich versunken. In Mitteleuropa würde man ihn sofort fragen, was passiert ist, ob er etwas braucht. Bei uns muss derjenige, der allein sein will, aufstehen und sich entfernen. Die Möglichkeit mitten unter den anderen zu bleiben, dabei zu sein und doch nicht dabei zu sein, existiert bei uns nicht. Aber wir sollten lernen, sie zu akzeptieren und zu tolerieren. Sie nachzumachen, wird uns kaum gelingen.

Es sind stets die Probleme vom Ertragen-Müssen unerwünschter, aber notwendiger Nähe, die uns im Umgang mit anderen Menschen beschäftigen. Sie ergeben sich selbstverständlich auch auf ganz harmlosen Lebensebenen.

Unfreiwillige Nähe entsteht zum Beispiel auch beim Restaurantbesuch, wenn uns der Kellner Speisen bringt. Notwendigerweise kommt er uns dabei physisch sehr nahe. Er rückt uns sozusagen auf den Leib, und wir empfinden diese Berührung unter Umständen als äußerst unangenehm. Ich helfe mir in dieser Situation damit, dass ich den Kellner für mich auf seine Funktion reduziere. Ich begreife ihn also nicht als Person. Sobald dies gelingt, fällt es mir leichter, seine eigentlich unerwünschte physische Nähe zu akzeptieren. Die Nachfrage, ob es mir geschmeckt hat, ich vielleicht noch Wünsche habe, sollte im Ton höflich, aber nicht vertraulich sein, was wiederum dazu beiträgt, Nähe und Distanz in der Balance zu halten. Anders sieht es aus, wenn Sympathie im Spiel ist, wenn ich mich als Stammgast fühle und auch als vertrauter Gast angesehen werde. In diesem Fall hilft sogar ein freundliches Wort, ein munterer Scherz des Kellners über das Gefühl der unerwünschten Nähe hinweg.

Rituale – Wer gehört dazu, wer wird ausgeschlossen?

Jedes streng eingehaltene Ritual schafft eine Distanz anderen gegenüber, die dieses Ritual nicht kennen. Das beginnt schon bei den Tischmanieren oder, vertrackter noch, bei der Kenntnis davon, wie man einen Tisch korrekt eindeckt, das heißt, wohin Gläser, Geschirr und Bestecke den Regeln nach gehören. Wer sich in diesen Ritualen auskennt, wird nicht davon irritiert sein, wenn er fünf oder sechs Bestecke aus Messern, Gabeln und Löffeln links und rechts von seinem Teller und dazu noch verschiedene Gläser, große und kleine, bei seinem Gedeck vorfindet. Er weiß zum Beispiel, mit welchem Besteck er anzufangen hat, ob die Reihenfolge von außen nach innen oder von innen nach außen geht. Er kennt sich auch unter den unterschiedlichen Gläsern aus, weiß, welches für Wasser und welches für Weißwein, für Rotwein, für den Aperitif oder den Digestif bestimmt ist. Kennen wir das jeweilige Ritual nicht, geraten wir den anderen Gästen bei Tisch gegenüber in eine missliche Distanz. Für eine Gesellschaft von Gästen gemischter sozialer Herkunft kann sich die sogenannte gesetzte Tischordnung also als ungeeignet erweisen, weil sie statt der gewünschten Nähe zueinander Distanzen und damit Dissonanzen hervorruft. Ein Buffet, an dem sich jeder holen kann, was er möchte, oder eine Grillparty können eine vernünftige Alternative bieten. Bei Würstchen vom Grill entfällt das Problem von Tischmanieren normalerweise. Und ist ein Tisch gedeckt, an dem man sich die Würstel vom Grill oder die Speisen portionsweise vom Buffet abholt, sollten nur einfache Bestecke aufgelegt sein. Unter diesen Voraussetzungen verlieren die sozialen Unterschiede an Schärfe, wodurch sich Nähe und mit ihr eine gewisse Vertrautheit einstellen können. Ganz einfach wird die Frage der Etikette auch, wenn man einfach nur zur Suppe lädt. Das kann köstlich sein, und löffeln kann ein jeder.

Bei einem gesetzten Essen bleibt dem Gastgeber, der die Irritation oder Verlegenheit einiger seiner Gäste bemerkt, immer noch die Möglichkeit, rechtzeitig und mit einer gewissen Deutlichkeit die richtigen Bestecke oder Gläser in die Hand zu nehmen, um damit jedermann zu demonstrieren, wie es gemacht wird. Ein unaufmerksamer Gastgeber wird vielleicht einfach »Guten Appetit« wünschen, selbst aber noch im Gespräch mit seinem Nachbarn oder seiner Nachbarin verweilen und die Verlegenheit einiger seiner Gäste gar nicht wahrnehmen.

Zu einem wunden Punkt sozialer Begegnung können sich auch unbedacht gewählte Gesprächsthemen auswachsen. Ein Thema, das nur einen Teil der anwesenden Personen berühren kann, einfach weil es den Übrigen fremd ist, sollte in Gesellschaft am besten gar nicht auf den Tisch kommen, auch wenn die meisten es durchaus interessant finden könnten. Weil sie aber zu wenig darüber wissen, um sich spontan an der Diskussion darüber zu beteiligen, werden sie ein Gefühl von Distanz entwickeln. Sie kommen dem Thema und damit auch dem Kern der Gruppe nicht nah genug, wodurch sie in eine Anspannung geraten, die sie noch weiter von der Gruppe distanziert.

Auch wer es liebt, sich allzu spontan und allzu witzig zu geben, läuft Gefahr, seine Partner von sich zu distanzieren, anstatt sie für sich einzunehmen. Denn die anderen entwickeln unter Umständen sehr schnell das Gefühl, es würde von ihnen erwartet, genauso locker und genauso witzig zu sein, was wiederum zu einer asymmetrischen Gefühlsbalance zwischen den Beteiligten führen kann. Es geht so lange gut, wie sich alle gut amüsieren, und der eine seine Rolle als Joker beherrscht und nicht übertreibt. Sobald sich jedoch bei den anderen ein Gefühl von Unterlegenheit breitmacht und eine Art Wettbewerbssituation aufbaut, weil sie glauben, auch etwas tun zu müssen, was sie aber nicht können, geht die Balance verloren. Der Spaß wandelt sich in Missgunst bei den einen und in Missvergnügen bei allen.

Viel größere Schwierigkeiten in der Ausgeglichenheit zwischen Nähe und Distanz im Umgang von Menschen untereinander ergeben Gesprächsthemen privater oder gar intimer Natur. Das Beste ist, man schweigt sich über private Fragen aus, es sei denn, man ist unter eng vertrauten Partnern. Dabei denke ich mir den Umkreis dessen, was Privates angeht, sehr weit gezogen. Es handelt sich dabei nämlich keineswegs um unmissverständlich intime Fragen, sondern um alle sensiblen Lebensbereiche wie Gefühle, Hoffnungen, Leiden, Beschwerden, aber auch anscheinend lediglich materielle Dinge wie Geld, den Autotyp oder die Wohnverhältnisse. In all diesen Fragen und einigen mehr ist Zurückhaltung angesagt. Der Befragte könnte eine Asymmetrie im Vergleich zum Fragenden empfinden, und schon zieht er sich zurück, baut unwillkürlich eine Distanz zu seinem Gesprächspartner auf. Übrigens kann ein anderer, der zu viel von sich selbst erzählt, ganz ähnliche Wirkungen oder eigentlich immer wieder denselben Effekt hervorrufen. Solche Offenheit kann dem Gegenüber unerwünscht sein, weil er sich zu einer Stellungnahme herausgefordert sieht, die er nicht zu geben bereit ist, weil er die Leiden oder den Kummer des anderen doch nicht lindern kann oder will, oder weil ihm umgekehrt

Die Nähe der beiden Kolleginnen und ihre zueinander geneigten Körper bilden eine geschlossene Einheit. Die deutliche Distanz zur dritten Kollegin erweckt in dieser eine spürbare Unzufriedenheit. Sie fühlt sich ausgeschlossen.

Sie ergreift die Initiative und dreht den Spieß um, indem sie mit der außen sitzenden Kollegin durch die dominante Berührung der Kollegin in der Mitte über diese hinweg Kontakt aufnimmt.

die Offenbarungen des anderen schlicht Neidgefühle erwecken. In jedem dieser Fälle wird er sich zurückziehen, das heißt, auf Distanz gehen.

Menschen gegenüber, die wir nur flüchtig kennen, sollten wir nicht einmal danach fragen, ob sie verheiratet sind, ob sie Kinder haben, eine Freundin oder einen Freund, denn wir wissen ja nicht, welche Probleme der Befragte gerade hat. Wir laufen also Gefahr, ihn in eine unangenehme Position zu bringen, und unsere Frage erzeugt deshalb unbehagliche Gefühle in ihm, und wieder wäre innere Distanz das Ergebnis unserer gut gemeinten Fragerei.

Sind uns solche Fragen aber doch einmal herausgerutscht, sollten wir jede ausweichende Antwort, jede Ausrede auf der Stelle akzeptieren und keinesfalls nachfragen. Der Gesprächspartner hat ja lediglich einen Ausweg aus einer ihn bedrängenden Situation gesucht. Deshalb gebietet es der Respekt vor der Intimsphäre des anderen, nicht weiter zu forschen.

Sie hat es geschafft. Die beiden anderen hören ihr zu. Es sieht ganz so aus, als habe sie sogar die Gesprächsführung übernommen. Wegen der Nähe der beiden rechts sitzenden Kolleginnen zieht sich die Dritte nunmehr ein wenig zurück, ohne den Kontakt abzubrechen.

Außerdem schaffen wir mit dieser Haltung ein neues Stückchen Nähe. Ähnliches gilt für den Fall eines kleinen Fauxpas, den wir übersehen und dabei nicht merken lassen, dass wir gerade ein Auge zugedrückt haben. Es ist ein Verhalten, das wir zwar als selbstverständlich ansehen müssten, das uns aber immerhin doch auch etwas näher zueinander bringen kann.

Kleiderordnung

Von ritualisiertem Verhalten in Sprache und gesellschaftlichem Umgang zur Kleiderordnung, zum Kodex oder besser gesagt zur Sprache des Kostüms, zur Sprache unserer Kleidung ist es kein weiter Weg. Genauso wie die gleiche Sprache menschliche Nähe hervorbringt, erleichtert gleiche Kleidung die Kommunikation untereinander. Gleiche Kleidung spricht sich auch in dem Wort »Uniform« aus. Uniformen waren von jeher dazu gemacht, die Gleichheit von Menschen zu betonen, und im Falle der Militäruniform, die individuellen Freiheiten sichtbar zu beschränken. Außerdem war es in früheren Zeiten wichtig zu wissen, wer zu wem gehört, um Freund und Feind unterscheiden zu können. Unsere heutige Jeanskultur bringt die Menschen in ihrer Freizeit schneller zueinander, als es früher der Fall war, jedenfalls, wenn alle Jeans tragen. Wer keine Jeans anzieht, signalisiert damit bereits gewollt oder ungewollt sein Distanzverhalten: »Ich will nicht in diese Alltagskultur eintreten!« Im übrigen schafft Mode, insbesondere die Haute Couture, geschlossene Gesellschaften. Wer dazugehören will und es sich leisten kann, erreicht einen bestimmten Status, der ihn von den meisten anderen abhebt. Wer sich der Requisiten dieser Gesellschaft nicht bedient, bleibt draußen bzw. fliegt raus.

Bei gesellschaftlichen Zusammenkünften sollte deshalb auf der Einladung eindeutig vermerkt sein, wie man sich die Kleidung der Gäste wünscht: festlich oder leger, lang oder kurz, was die Kleider der Damen betrifft, Smoking, Anzug oder Freizeitkleidung bei den männlichen Gästen. Natürlich sollten sich Gastgeber auch rechtzeitig Gedanken über die Zusammensetzung der Gesellschaft machen, die sie zu ein und derselben Gelegenheit durch eine Einladung zusammenbringen. Es wäre nicht unwichtig zu wissen, ob die Gäste auch zueinander passen. Suchen die einen nämlich eher Distanz und die anderen unbedingte Nähe, wäre eine unharmonische Atmosphäre vorprogrammiert. Allgemeiner Stress könnte die Folge sein.

Stressreaktionen

Was bringt uns in Stress und was verursacht er in uns? Befinde ich mich im Stress, erlebe ich eine Einengung, und daher brauche ich in diesem Moment Distanz. Ich benötige sie, um mir selbst inneren Freiraum zu schaffen. Fühle ich mich nämlich von den Dingen eingekreist, so dass ich mich nicht mehr freiwillig von einer Aufgabe zur anderen bewegen kann, meine Energie nicht mehr frei verströmen kann, so wie ich es möchte und gewohnt bin, kenne ich nur noch den Wunsch, mir Abstand zu schaffen. Es geht darum, jenes Gefühl des Strömens wiederzufinden, das uns Atem verleiht. Denn jede strömende, ungehemmte Bewegung gleicht einem Fluss, dessen Wasser leicht dahinfließt. Wir schauen ihm gern zu, und der Anblick wirkt beruhigend auf uns. Steine dagegen, die im Flusslauf liegen, schaffen Widerstand, und der erzeugt seinerseits einen Energiestau, der mit großer Kraftanstrengung versucht, die Hindernisse zu überwinden. Ist seine Kraft zu schwach, staut sich der Fluss seinerseits, und wo sich das Wasser staut, droht Gefahr oder es entsteht Stillstand. Stehendes Wasser aber beginnt irgendwann zu stinken.

Es existiert jedoch ein Ausweg aus dieser trüben Situation. Das Wasser muss sich eine neue Abflussmöglichkeit suchen, vielleicht macht es auch nur einen Umweg und findet etwas weiter unten in sein altes Bett zurück. Darin liegt auch die Parallele zum Menschen in Stresssituationen. Auch er darf nicht versuchen, die Hindernisse, die ihn umstellen, mit Gewalt aus dem Weg zu schaffen, vielmehr muss auch er neue Wege finden, sich von ihnen zu befreien. Dies kann durch eine neue Arbeitseinteilung geschehen, wird jedoch im Allgemeinen eher gelingen, wenn er einen Teil seiner Aufgaben an Mitarbeiter delegiert, die diese Dinge wahrscheinlich genauso gut erledigen können wie er selbst. Und er kann wieder atmen, seine Energie wieder in Fluss bringen. Menschen, die unfähig sind zu delegieren, haben es schwer. Ihnen bleibt nur der Kampf – natürlich der Kampf mit sich selbst.

Weder unser Körper noch unsere Psyche können sich von der Natur ausschließen. Unsere Haut schließt uns keineswegs von der Natur ab, im

Gegenteil, sie lebt mit ihr. Die Natur wirkt ständig auf uns ein, ob wir wollen oder nicht; wir können uns ihrem Einfluss überhaupt nicht entziehen. Was nun unsere Haut angeht, so sollten wir uns ins Gedächtnis rufen, dass sie unser größtes Organ darstellt. Ob Wärme oder Kälte, überhaupt alle Empfindungen, die wir durch unsere Haut erfahren, wirken auf den ganzen Menschen. Alle angenehmen Gefühle scheinen unsere Haut zu dehnen, lassen uns ein Wohlgefühl empfinden, gleichgültig ob es eine leichte Berührung ist, ein Windhauch, der unsere Haut streichelt, eine angenehm temperierte kleine Welle, die über unseren Körper rinnt. Dies alles verschafft uns Lockerung. Verändern die gleichen Berührungen aber ihren Rhythmus und ihre Temperatur, werden sie hart, heftig oder kalt, so spüren wir statt Ruhe auf einmal Unruhe und Unbehagen in uns. Können wir uns von diesen Einflüssen nicht distanzieren, bilden wir Widerstand und geraten vielleicht sogar in Stress.

Unsere Haut nimmt jeden Körper, der nah an uns herankommt, hochempfindlich wahr. Deshalb kann eine enge Arbeitswelt sich bereits Stress erzeugend auf uns auswirken. Und auch der Druck von oben, vom Psychischen ins Physische übersetzt, schafft eine innere Enge und erzeugt Stress. Der vollgepackte Terminkalender beispielsweise löst Stress aus. Pausen sind wichtiger, als die meisten von uns es sich vorstellen können. Die fünf Minuten für eine Tasse Kaffee mobilisieren mehr Energie und damit mehr Leistung als jeder Zeitgewinn durch angestrengtes Weitermachen: ein Gewinn, der sich selber wieder aufzehrt.

Auch unsere Sinnesorgane reagieren empfindlich auf übertriebene Nähe. Ein Fingerschnipsen unmittelbar an unserem Ohr lässt uns zusammenfahren; ein Parfümfläschchen, dass man uns unerwartet unter die Nase hält, lässt uns erschrecken.

Ein anderes Beispiel, auf das ich schon einmal hingewiesen habe, ist dieses: Unsere Augen brauchen, um klar zu sehen, eine gewisse Entfernung vom beobachteten Gegenstand. Wir erkennen diese Regel schon im Umgang mit ganz kleinen Kindern. Neigt sich die Mutter, vielleicht um ihr Baby zu küssen, allzu nah über das kleine Köpfchen und bleibt etwas zu lange in dieser Stellung, beginnt das Kind zu schreien. Sein Blick wird unklar, es sieht nicht mehr richtig und bekommt es mit der Angst zu tun. Ganz anders sieht es aus, wenn die Mutter ein Spiel daraus macht, indem sie sich weit zu ihrem Kind herabneigt und sofort wieder aufrichtet. Auf diese Weise schafft sie im Wechsel Spannung und Entspannung. Das Baby genießt das Spiel, reagiert mit Erwartung und Spannung und baut mit einem Lachen die Spannung wieder ab.

Auch jeder Erwachsene kennt dieses Gefühl. Kommt ihm ein anderer so nahe, dass er uns den Blick verstellt, machen wir entweder die Augen zu oder wir suchen uns zu entziehen, weil uns diese Nähe irritiert. Selbst Verliebte, die sich gar so gern in die Augen schauen, werden diese schließen, wenn die Nähe beengend wird. Deshalb küssen wir einander mit geschlossenen Augen, wobei natürlich auch stimulierende innere Empfindungen eine Rolle spielen.

Grundsätzlich ist zu sagen, dass alles, was unseren Augen zu nahe kommt, Irritation hervorruft. Jede Mücke, die vor unseren Augen herumtanzt, macht uns nervös.

Jede Unruhe, die wir empfinden, erweckt in uns den Wunsch nach Bewegung, körperlicher Bewegung. Wir versuchen zu entkommen, jedenfalls uns wegzudrehen von der jeweiligen Quelle der Beunruhigung. Wird nun unser Bewegungsdrang, das heißt die schon begonnene gezielte Bewegung, von außen blockiert oder behindert, und zwar gleichgültig aus welchem Grund, steigert sich unsere Nervosität und macht uns aggressiv. Das kleine Kind, das in dem Augenblick nach seinem Spielzeug greift, in dem die Mutter ihm neue Windeln anlegen will, stört mit seiner Handbewegung die gleichzeitige Handbewegung der Mutter beim Wickeln. Sie reagiert irritiert, weil ihr Bewegungsablauf blockiert ist. Sie hält die Hand des Kindes fest und blockiert damit wiederum seinen Bewegungsablauf. Das Resultat ist Geschrei und Gerangel. Jede Blockade unseres stets wachen Bedürfnisses nach Bewegung baut Stress in uns auf. Es braucht ja nur ein Lift, von dem wir Bewegung erwarten, für eine Sekunde stillzustehen, schon geraten wir in Unruhe, manche Menschen sogar in Panik. Stress und Stau in uns verlangen nach Abbau durch Bewegung. Deshalb treffen wir auf Mitmenschen, die zu schreien beginnen, sobald sie fürchten müssen, sich nicht mehr bewegen zu können. Meist unbewusst versuchen sie durch ihr Schreien ihren Energiestau abzubauen und sich einen inneren Freiraum zu schaffen.

Stress lässt sich nur durch Bewegung abbauen. Das kann durch Beschäftigung mit einfachen Dingen geschehen, durch einen Spaziergang ums Haus, ein bisschen Joging, leichte Gymnastik. Wir fühlen uns nach sol-

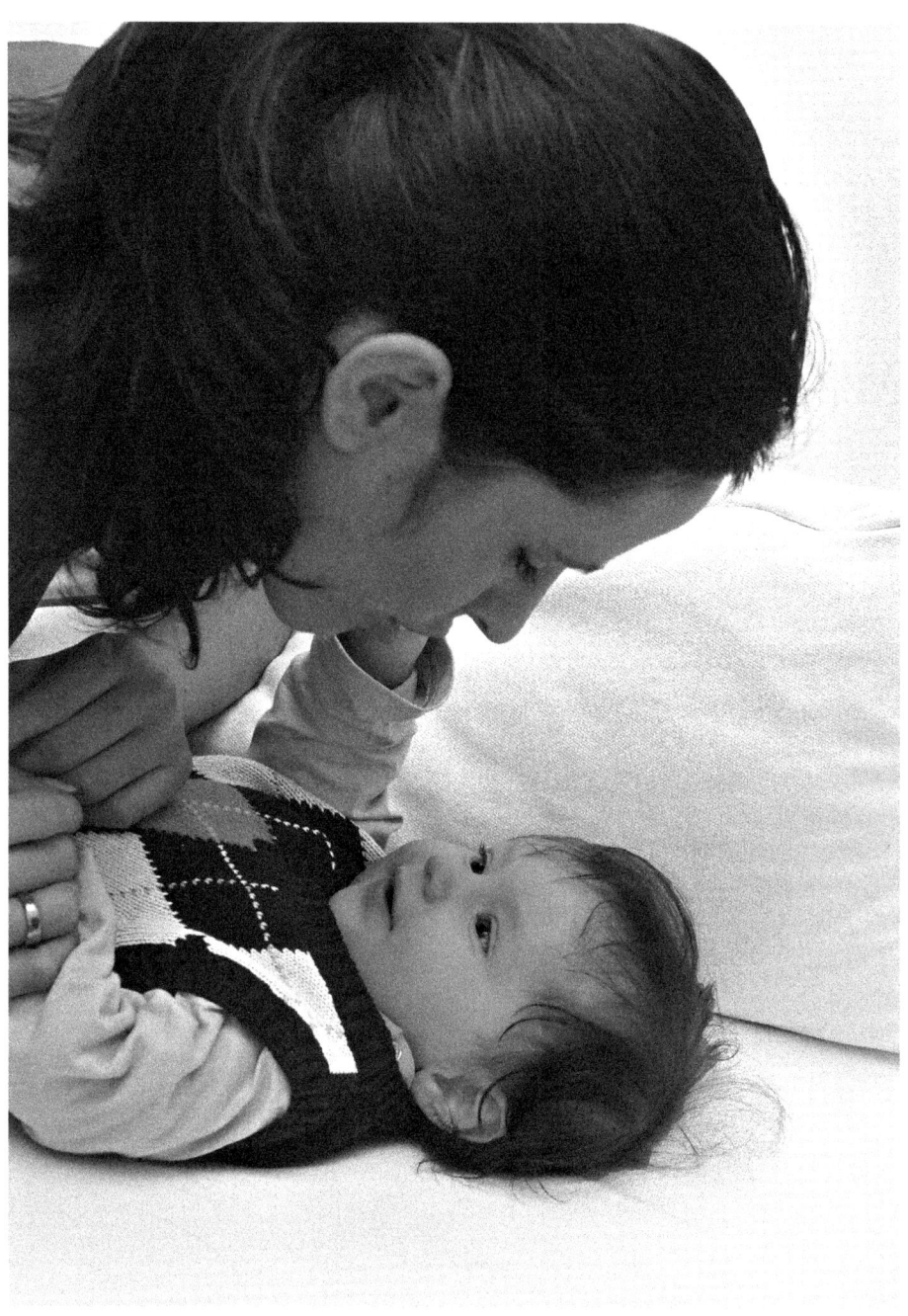

Die Mutter neigt ihr Gesicht tief hinunter auf das des Söhnchens. Ein Lächeln des Erkennens ist die Antwort.

Kommt sie seinem Gesicht zu nahe, schließt der Kleine die Augen in Abwehr. Von so nahe kann er die Mutter auch nicht mehr erkennen.

chen kleinen Aktivitäten stets erleichtert, wenn uns vorher irgendein Bewegungsstillstand belastet haben sollte.

Stress entsteht auch durch nervliche Belastungen, durch Frust, durch Existenzangst ganz allgemein, Anpassungszwänge, seelische und körperliche Überanstrengung. Wenn wir in Zeitdruck geraten, unter Druck gesetzt werden oder selbst unsere Gefühle, positive oder negative, aus unbestimmten Ängsten unterdrücken, geraten wir unter Stress. Fühlen wir uns gezwungen, unsere Gefühle zu unterdrücken, so hat dies regelmäßig mit den sozialen Beziehungen zwischen uns und dem Partner oder zwischen uns und der Gruppe zu tun.

Das Ich und die Gruppe

Wir sind nicht allein auf der Welt, wir brauchen einander, denn das Netz der Abhängigkeiten ist zugleich das Netz, das uns vor dem Absturz bewahrt. In diesem großen Netz von Beziehungen hängt unsere soziale Position, unsere Stellung innerhalb der Gruppe, unser Rang, von der Anerkennung ab, die uns die Gruppe gewährt. Wir stehen also in einer Art dauerndem Wettbewerb mit allen anderen um diese Anerkennung durch die Gruppe.

Ob wir wollen oder nicht, unser Körper reagiert auf die Signale, die wir von der Gruppe erhalten. Empfangen wir Kritik, ziehen wir uns zusammen, weil wir instinktiv wissen, dass Kritik eine Minderung unseres Werts bedeutet. Wir sind offensichtlich nicht gut genug gewesen, um die Erwartungen der Gruppe zu erfüllen. Also gehen wir auf Distanz von denjenigen, die uns kritisieren. Wenn wir mit unseren Handlungen und Unternehmungen keine echte Rückmeldung erhalten, weil ein Ideenaustausch einfach nicht stattfindet oder nicht gewünscht ist, ja, wenn wir vielleicht überhaupt kein Feedback bekommen, so als existierten wir gar nicht, werden wir uns entweder aufgerufen fühlen, für unsere Sache zu kämpfen, oder erst recht den dringenden Wunsch empfinden, uns zurückzuziehen. Dies beantwortet unser Körper unvermeidlich damit, dass er die Gelenke versteift und die Muskeln verhärtet. Die Sprache des Körpers ist unerbittlich.

Erfahren wir dagegen Anerkennung von einem Partner oder der Gruppe, erweitert sich alles in uns. Unsere Gelenke werden locker, unsere Muskeln entspannen sich, wir öffnen uns in Richtung der Person oder Gruppe, die uns anerkennt, unser Mittelkörper wendet sich ihnen zu. Unser Mund öffnet sich zu einem Lächeln und gibt auf diese Weise unserem Wohlbefinden Ausdruck. Es muss noch kein Wort gefallen sein, doch unser Körper spricht eine deutliche Sprache. Unser Kreislauf ist angeregt, alles ist positiv stimuliert.

Die Ablehnung oder Zurückweisung durch die Gruppe erweckt Scham und Schuldgefühle in uns, weil wir glauben, soziale Erwartungen nicht

Die eine telefoniert, die andere darf zuhören. Die offene Haltung der Kollegin lädt förmlich dazu ein.

Ganz anders hier: Die Kollegin möchte ungestört telefonieren und schirmt sich durch Abwendung und vollkommen geschlossene Körperhaltung der unerwünschten Zuhörerin gegenüber ab.

erfüllt zu haben. Je massiver man von diesen Gefühlen beherrscht wird, umso gehemmter wird die Reaktion sein. Denn die Erwartungen an sich bauen bereits Spannungen auf, die alle Kanäle von Energie versperren. Sperre ich mich aber auf solche Weise selbst, reduziert sich mein Aktionsradius und die Qualität meiner Arbeit wie von selbst. Es handelt sich hier um einen geschlossenen Spannungskreis, den wir uns selbst errichten, in dem wir Erwartungen in die Gruppe projizieren, die gar nicht existieren. Versuchen wir nun diese vermeintlichen, eigentlich gar nicht vorhandenen Erwartungen zu erfüllen, werden wir vergeblich auf das dafür ersehnte Lob warten, und die Enttäuschung ist vorprogrammiert. Wir stehen wieder einmal vor dem Phänomen der berühmten *self-fulfilling prophecy*. Mit einem etwas stärkeren Selbstbewusstsein machen wir uns vielleicht nicht ganz so abhängig von der Meinung der anderen. Dennoch ist uns stets an der Anerkennung der anderen gelegen, und wir möchten sie nur zu gern einheimsen. Wir fühlen uns aber auch stark genug, um angemessen auf die Ablehnung zu reagieren, indem wir auf ein anderes Feld wechseln und etwas anderes anbieten. Ein anderer Weg könnte sich dadurch öffnen, dass wir unseren Vorschlag zurückziehen, aber nicht um zu resignieren, sondern um unsere Arbeit jemand anderem anzubieten, der sie vielleicht zu schätzen weiß. Damit würden sich neue Optionen ergeben, den Energiefluss aufrechtzuerhalten, sodass es uns leichtfiele, unsere reaktiven Gefühle in eine positive Richtung zu lenken. Klammern wir uns jedoch an die einmal gefasste Vorstellung, dass diese eine bestimmte Aktion diesem einen Interessentenkreis gefallen müsse, bleiben wir aller Erfahrung nach in der einmal hervorgerufenen Spannung und stecken in dieser Stresssituation fest.

Unter gleichgestellten Partnern herrscht, wie erwähnt und eigentlich selbstverständlich, ein eher lockerer Umgang untereinander, und auch die Ein- bzw. Übergriffe von Vorgesetzten sind aufgrund einer ungeschriebenen Achtung vor jeder Gruppensolidarität wenig gefürchtet. Verehre und liebe ich jedoch eine andere Person in übertriebenem Maße, wird mein ganz persönliches Gefühl sie auf ein Podest heben. Ich ganz allein bin es also, der eine asymmetrische Beziehung zwischen dieser Person und mir selbst aufbaut. Ich mache mich davon abhängig, ob die »erhöhte« Person mich annimmt oder ablehnt. Dadurch kommt es zu jenen Spannungen, die durch Verliebtheit oder übertriebene Autoritätshörigkeit gegenüber einem Menschen entstehen, dessen Urteil mir über dem aller anderen zu stehen scheint.

Gleicher Status oder auch nur das Gefühl von Gleichheit und Ebenbürtigkeit lösen die Spannungen in unserem Körper, verhelfen uns dazu, uns locker fühlen. Wir spüren es an unserem Kreislauf, an der frei fließenden Energie und, was wichtig ist, wir bemerken es daran, dass sich unsere Gelenke von jeder Versteifung lösen. Achten wir also in Spannungsmomenten stets auf unsere Gelenke, denn sie sind der Seismograf unseres Wohlbefindens.

Einengung in jeder Form, ob psychisch oder körperlich, schränkt die Bewegungsbereitschaft ein, und zwar bis zur vollständigen Lähmung. Bewegungslosigkeit führt unvermeidlich in den Stress.

Wir brauchen jedoch gar nicht die anderen dazu, in Stress zu geraten. Indem wir uns selbst unter hohen Erwartungsdruck setzen, können wir es ganz allein bewerkstelligen. Wir schaffen in uns ein Über-Ich, das von unserem Ich verlangt, besser zu sein. Schon der Wunsch an uns selbst, perfekt zu sein, auch wenn dahinter der legitime Anspruch steht, gut zu sein und damit auch anerkannt zu werden, schafft den Unterschied zwischen gut und perfekt, zwischen perfekt und doch nicht ganz perfekt: Wir schaffen also sozusagen in uns selbst bereits Stress durch das asymmetrische Gefälle zwischen mir und mir.

Kontakt suchen

Das Bedürfnis nach menschlichen Kontakten ist in jedem von uns von Geburt an tief verankert. Es ist bei unterschiedlichen Menschen stark oder weniger stark ausgeprägt und es äußert sich bald in kleinen Berührungen durch Antippen mit den Fingerspitzen, bald im Festklammern an der Hand oder dem Arm eines Partners, um Vertrautheit und Schutz zu suchen.

Menschen, die viel und ausdauernd reden, verraten damit ein starkes Bedürfnis nach Aufmerksamkeit und menschlicher Nähe. Der eine sucht die Umarmung, der andere sucht den nahen Kontakt in Küsschen, die nicht der erotischen Stimulanz dienen sollen, sondern als Liebesbeweis. Beim Spaziergang hält man sich an den Händen, um die innere Verbundenheit zu spüren, und wie gern wird gekuschelt, um das Gefühl zu wecken und zu empfinden, versorgt, geschützt und geliebt zu sein. Manchmal kann ein lange andauernder Blickkontakt die physische Berührung ersetzen. Ist uns auch dies etwa durch die geografische Entfernung versagt, müssen lange Telefongespräche die Nähe vermitteln. Zeit ist kostbare Ware. Je mehr wir bereit sind, davon dem Partner zu schenken, umso wichtiger ist er uns. Kleine Geschenke symbolisieren die Gedanken und die Zeit, die wir dem anderen trotz der physischen Entfernung widmen.

Wenn das kleine »Ich« zu einem großen »Wir« wird – Partnerschaften

Jedes Ich ist ein System in sich. Ein System besteht, wie wir alle wissen, aus mehreren Teilen, die miteinander kommunizieren und gemeinsam eine Ganzheit errichten. Diese Ganzheit wiederum hat Bedürfnisse, die sie nach ihrem Verständnis von Selbsterhaltung ausrichtet. Dazu gehört in jedem Fall Nahrung in einfachster Form, aber auch Vermehrung und Sexualität, und natürlich ist zur Selbsterhaltung auch die Anerkennung innerhalb der Gruppe ausschlaggebend. Genauso wie ich es mit dem Beispiel der Entstehung von Wasser geschildert habe, wenn sich also zwei Elemente zu einem neuen vereinen, genauso ist es in einem System. Ein Paar, das sich zusammentut, bildet jenes neue größere Ich, das sich aus den beiden kleineren Ichs gebildet hat, und die neue Verbindung schafft sich um seiner Selbsterhaltung willen neue Gesetze, die den veränderten Bedürfnissen entsprechen. Die Sache wird hier etwas kompliziert, weil wir es bei diesem größeren Ich mit zwei kleineren Ichs zu tun haben, die in ihrem jeweilig ursprünglichen System keineswegs immer dieselben Bedürfnisse hatten. Um das Gesamtsystem »Wir« oder »Paar« zu errichten, müssen die Einzelbedürfnisse der beiden kleinen Ichs synchronisiert werden. Das Neue, nennen wir es einmal das »Übersystem«, wird, um als ein eigenes System akzeptiert zu werden, den Kontakt zu außerhalb seiner selbst existierenden Systeme aufnehmen. Nun trifft es auf gesellschaftliche Spielregeln. Was heute nicht mehr gilt, war in früheren Zeiten (und die sind noch nicht gar so lange her) unumstößliche Voraussetzung dafür, in einer Beziehung zwischen Mann und Frau leben zu können: Die Anerkennung der Verbindung durch die Gesellschaft, und zwar durch Heirat. Die legitimierende Autorität mochte Kirche, Staat oder Gemeinschaft heißen, ihrem Anspruch jedenfalls war kaum zu entgehen. Wer sich der Form unterwarf, den erwarteten gewisse Rechte, gesellschaftliche Anerkennung war ihnen im Voraus sicher. Aber sogar mehr als das. Man könnte beinahe behaupten, der Staat erzwänge die Ehe auch heute noch durch die Gewährung von Vorteilen in Form von Steuererleichterungen,

Prämien und was es da sonst noch gibt. Das galt bis vor Kurzem ausschließlich für verheiratete Paare. Heute werden in steigendem Maß Paare auch als solche anerkannt, selbst wenn sie keine Heiratsurkunde vorweisen können. Der Staat, so meine ich, begünstigt nach wie vor die hergebrachte Ehe und bestraft alle anderen Paare, ganz abgesehen von den Alleinstehenden. Das beginnt beim Erbrecht und setzt sich in unzähligen anderen Gesetzen fort, mit denen die gesetzlich verheirateten Paare einen Vorteil erhalten, die übrigen »Gesetzesbrecher« aber bestraft werden, weil sie es wagen, eine Partnerschaft oder eine Familie zu begründen, ganz ohne die staatliche Autorität gefragt zu haben. Natürlich sichert sich der Staat durch seine Familiengesetze die Macht über die gesellschaftliche Formation eines Landes.

Der Austausch eines frischgebackenen Paares mit der Außenwelt und ihren Spielregeln konfrontiert es mit einem in der Vorstellung fast idealen Muster des Zusammenlebens, das um der gesellschaftlichen Akzeptanz willen meistens angenommen wird, auch wenn es nicht immer gefällt. Weicht das Paar von diesen Regeln ab, distanziert sich die Gruppe oder der Staat, weil ihre Erwartungen nicht erfüllt werden.

Die Frage nach dem Zusammenhalt jenes größeren Ich aus den beiden ursprünglichen einzeln bestehenden Teilen erweitert sich natürlich von dem Augenblick an, in dem ein oder mehrere neue Individuen eingefügt werden müssen. Alle zusammen sollen ja nun harmonisch koordiniert sein, damit sich das System Familie erhält. Würde sich jedes kleine Ich nach Belieben nur der eigenen Entfaltung widmen können, wäre das System zum Scheitern verurteilt. Wie lassen sich nun die Prioritäten der einzelnen Individualität innerhalb des gemeinsamen Systems koordinieren? Denn selbstverständlich entwickeln sich in einem engen System wie dem der Familie starke Bedürfnisse nach Distanz. Der Familienverband spendet erwünschte Nähe, der Zusammenhalt von Eltern und Kindern gibt ein durch andere Systeme kaum zu leistendes Sicherheitsgefühl. Zugleich beansprucht die Entfaltung der Persönlichkeit zu Recht einen hohen Stellenwert in der Kindererziehung. Dazu wiederum bedarf es der Distanz. Deshalb muss ein Rückzug erlaubt sein, mehr noch, er muss gefördert werden. Wie Nähe und Entfernung richtig gewichtet werden, lässt sich nie abschließend sagen, denn jedes Individuum hat unterschiedliche Bedürfnisse.

Individualität oder Selbstaufgabe?

Zwei Menschen, die ein Paar werden wollen, sind meistens bereit, spezielle Bedürfnisse, die sie als einzelnes Ich für höchst wichtig angesehen haben, zugunsten des größeren Systems »Paar« aufzugeben. Man schmiedet gemeinsame Pläne und wirft einst lieb gewonnene Gewohnheiten über Bord: eine Voraussetzung für die neue Nähe.

Neue Spielräume werden errichtet, ein neues Ambiente, äußerlich etwa in der Gestaltung einer gemeinsamen Wohnung. Das gemeinschaftliche Suchen und Finden, der Prozess der Entscheidung und die Freude darauf binden die beiden Partner aneinander. Auch die Erfahrung, dass sie sich beide auf den Geschmack des anderen verlassen und ihm deshalb freie Hand lassen können, stärkt das gegenseitige Vertrauen. Nicht ganz aus dem Blick lassen sollte man die Tatsache bei der Wohnungseinrichtung, dass dahinter eine territoriale Markierung steckt. Gerade deshalb ist es gut, wenn beide daran teilhaben, zumindest bei den Bereichen, die später jeder von ihnen für sich ganz persönlich in Anspruch nehmen möchte. Dies gilt für die äußerlichen Gesichtspunkte. Innerlich gilt es, bereit zu sein, bestimmte Verhaltensweisen aufeinander abzustimmen, um das gemeinsame Leben und den Lebensrhythmus zu synchronisieren. Die Kraft der Liebe dürfte dabei sehr hilfreich sein. Beide müssen empfinden, dass sie gemeinsam stärker sein werden, als es dem Einzelnen allein möglich wäre.

Dennoch wird der Wunsch, zu sich selbst zurückzufinden, unvermeidlich kommen. Ich sage vielleicht: »Ich liebe sie/ihn. Ich verliere mich selbst in dieser Liebe! Ich gehe in ein wunderbares Wir ein.« Das Eintauchen in dieses gemeinsame »Wir« erfüllt uns mit einer bis dahin nie gekannten Kraft. Die gegenseitigen Gefühle nähren einander zu einer Flamme, in der die Energie für die gemeinsame Zukunft auflodert. Irgendwann wird sich aber die Frage stellen: »Wer liebt da eigentlich?« Der andere könnte fragen: »Wer liebt mich da eigentlich?« Wenn ich also meine eigene Kontur ganz verliere, mein Eigenleben und meine Person ganz aufgebe, weiß ich, wissen wir in diesem Austausch wirklich nicht mehr, wer es ist, der da liebt und wer da geliebt wird. Wir brauchen in diesem Moment die Freiheit, uns voneinander zurückzuziehen, um wieder zu uns selbst zu finden, zu unserer inneren Organisation, unserem jeweils eigenen Ich. Steht jedem von uns dafür ein Zeitraum und vielleicht auch der physische Raum zur Verfügung, sich selbst weiter zu entwickeln und nicht zu stagnieren, kann ein sehr fruchtbares Wechselspiel zwischen dem einzelnen Ich und dem größeren Ich – zugunsten dieses größeren – beginnen.

Problematisch kann diese Konstruktion werden, wenn der eine den Wunsch, sich in sich selbst zurückzuziehen, zu einem Zeitpunkt verspürt, in dem der andere dringend die Nähe des Partners benötigt. Je stärker der Wunsch des einen geworden ist, mit sich allein zu sein, sich wieder auf sich selbst zu beziehen, umso tief greifender wird der Konflikt sein. Der Partner dramatisiert den Konflikt, redet sich ein, nicht mehr geliebt zu sein, seinerseits Fehler gemacht zu haben. So werden Schuldgefühle geweckt, Idealbilder perfekten Zusammenlebens, die uns die Gesellschaft vermittelt, werden großflächig in uns projiziert und führen womöglich tief hinein in einen Minderwertigkeitskomplex, der aber ohne Weiteres umschlagen kann in Schuldzuweisungen an den Partner. Der Konflikt wird zu einer Dimension aufgeblasen, die in der Realität überhaupt nicht gegeben ist. Ausschlaggebend ist wieder einmal allein die Bedeutung, die wir einer Sache zumessen, und nicht das reale Ereignis. Hier zeigt sich, wie schnell der Konflikt zwischen dem Wunsch nach Nähe und dem Bedürfnis nach Distanz eskaliert, wenn die Synchronisierung und Symmetrie zwischen Partnern verloren gegangen ist oder die Toleranz fehlt, dem anderen einen Freiraum zu gewähren, wenn er ihn braucht oder zu benötigen glaubt, ohne sein momentanes Verlangen auf mich selbst zu beziehen. Es darf eben nicht heißen: »Distanziert sich mein Partner, distanziert er sich von mir.« Stattdessen sollte die Tatsache, dass jeder auch einmal Raum für sich selbst braucht, akzeptiert werden, und es wäre klug, sich Gedanken darüber zu machen, was inzwischen mit dem eigenen Ich anzufangen wäre, so lange, bis der Partner sich ganz von selbst wieder bei uns einfindet. Ihm seinen Wunsch nach Distanz freiwillig zu gewähren, ist mit Sicherheit der goldene Weg aus dem sich anbahnenden Konflikt. Ihn zu gehen, fällt nicht leicht. Umso mehr werden wir das Zusammensein mit dem Partner oder der Partnerin genießen, wenn wir ihn oder sie dann wieder ungeteilt für uns haben: Freiwillig und auch wieder ganz er selbst und vielleicht sogar in dem Bewusstsein, dass er unsere Hilfe braucht.

Je mehr gemeinsame Interessen, gemeinsame Hobbys und gemeinsame Aktionen wir finden, je mehr gemeinsame Erlebnisse ein Paar oder eine

Gruppe miteinander hat, umso enger werden sie sich miteinander verbinden. Gefühle, die nicht aktiviert werden, schaffen keine Erlebnisse.

Eines lässt sich mit Bestimmtheit feststellen: Keine Distanz kann ohne Brücken überwunden werden! Brücken zu bauen, gehört zu den wichtigsten Herausforderungen der Partnerschaft und auch Kindererziehung. Es müssen nicht immer steinerne Brücken sein, manchmal genügen auch Hängebrücken, selbst wenn sie, wörtlich genommen, gelegentlich ein wenig durchhängen oder auf wackeligen Stützen stehen. Wichtig ist nur, dass sie immer noch über die Distanz hinweghelfen.

Eros ist der stärkste Trieb, die Nähe und mehr noch, die Bindung an den Partner zu suchen. Eros ist auch das stärkste Klebemittel, zumindest am Anfang, das uns aneinander festhalten lässt. Der Wunsch nach der Nähe des anderen und die Erfüllung dieses Wunsches durch Genuss erweckt starke Gefühle in uns und erzeugt die Begierde, uns diesen Genuss zu erhalten. Das ist es, was Paare zusammenhält: Sie lieben es, einander in die Augen zu sehen, können einander gar nicht lange genug anschauen, denn schon der Blick in die Augen des anderen erweckt in jedem von ihnen ein Hochgefühl.

Augenblicke der Nähe

Ganz allgemein fällt es uns leicht, einem Menschen, den wir mögen, eine längere Zeit ins Gesicht zu blicken. Eltern brauchen ihre kleinen Kinder nur anzusehen, um auf der Stelle Freude und Glücksgefühle zu empfinden.

Auch bei Liebenden beginnt alles mit Blicken. Sie schauen sich gern an. Daran ist ein ästhetisches Moment ebenso beteiligt wie ein sinnliches. Den Blicken folgen die Berührungen. Man kommt einander näher. Die Haut beginnt sich zu dehnen und verlangt nach Berührung. Kleine Berührungen machen den Anfang. Sie müssen von beiden als angenehm empfunden werden, Rhythmus spielt eine wichtige Rolle. Die Frage, ob einer festgehalten werden möchte oder nur sanftes Streicheln spüren will, kann nur individuell beantwortet werden.

Herauszufinden, was den einen wie den anderen individuell anzieht oder abstößt, ist in diesem Spiel der körperlichen Annäherung ein reizvolles, aber diffiziles Terrain. Der Geruchssinn spielt dabei eine wichtige Rolle, da er direkt zu unseren Gefühlen spricht. Wir sagen nicht umsonst mit gutem Grund von einem Menschen, dass wir ihn »nicht riechen« können, und können nur hoffen, dass der Partner uns »gut riechen« kann. Die Kosmetikindustrie hat sich diese Tatsachen zunutze gemacht und eine Fülle von Düften geschaffen, die uns angenehm »riechen« lassen, wobei man in Kauf zu nehmen hat, dass der persönliche Duft eines Menschen dadurch verdeckt wird. Wir wissen inzwischen, dass die hauteigenen Pheromone, auch wenn sie bewusst gar nicht wahrgenommen werden, eine Wirkung auf den anderen ausüben können, bei dem einen stärker, bei dem anderen schwächer und bei einem dritten überhaupt nicht. Übrigens gilt auch für Parfum, was für den Eigenduft eines Menschen gilt: Das eine zieht uns an, stimuliert uns, das andere stößt uns ab.

Das Aussehen eines Menschen wirkt selbstverständlich ebenfalls ganz individuell. Gleichgültig ob einer schlank ist oder füllig, mager oder muskulös, dem Gegenüber gefällt es oder es gefällt ihm nicht.

Entfremdung

Die Zeit, sagt man, verändert alles, und darin liegt auch eine Gefahr für jede Partnerschaft. Vielleicht verändert sich einer der Partner im Laufe der Zeit physisch, und die Frage ist, wie leicht oder schwer sich der andere an den veränderten Körper des Partners gewöhnen kann. Bleibt sein ästhetisches Gefühl ungestört? Kann ihn der Austausch von Zärtlichkeiten mit dem Partner immer noch beglücken oder beginnt hier eine erste Phase von Distanzierung, weil irgendetwas am anderen uns nicht mehr gefällt? Die Frage wird sein, ob es anderes gibt, das stärker ist als die physische Anziehungskraft und das uns an den Partner bindet oder ob sich die unerwünschten Veränderungen in einer Weise vermehren, die uns mehr und mehr von ihm weg treiben. Im äußersten Fall kann sogar ein neues Parfüm, dessen Duft uns stört, den Ausschlag geben, und das eigene kleine Ich glaubt, diese Entscheidung treffen zu dürfen, weil sein Geruchssinn »ihm gehört«, das heißt, Teil seines intimen Raums ist und er darüber vergisst, dass er damit eine Brücke zerstört. Auf der anderen Seite verbindet die lange Zeit des Zusammenlebens ein Paar. Beide haben mehr und mehr gelernt, das Vertraute und die Vertrautheit zu lieben, da Veränderungen sich nur sehr langsam vollziehen. Beide haben sich daran gewöhnt, sich auf den anderen zu verlassen, ihm in seinem Geschmack und seinen Entscheidungen zu vertrauen. Es ist dieses Vertrauen, das uns die innere Ruhe und die Zufriedenheit im Alltag schenkt.

Eine Entscheidung, die der Partner unter dem Motto trifft: »Der andere hat mir gar nichts zu sagen. Ich kann immer noch selbst entscheiden«, empfinden wir oft als einen Eingriff in unseren Freiraum. Weil es hier um ganz und gar subjektive Empfindlichkeiten geht, fällt es schwer, zu erkennen, ob es sich im Einzelfall tatsächlich um einen Eingriff in den eigenen Freiraum handelt oder ob es lediglich der selbstverständlichen Adaption an den Partner bedarf. Es kann die Kleidung, das Aussehen betreffen – Vorlieben, in die man sich nicht gern hineinreden lässt.

Möglicherweise entdecken beide Partner beim anderen aber auch jeweils völlig andere Interessen. Können die beiden diese unterschiedlichen Interessen auf die Dauer nicht miteinander teilen, entsteht eine kaum zu überbrückende Distanz. Kann ich meinen Partner nicht jedenfalls emotional an den Dingen beteiligen, die mich interessieren, wie spannend ich sie ihm auch erzähle, dann bleibe ich mit meinen Erlebnissen allein. Noch gefährlicher wird es, wenn daraufhin einer von beiden versucht, sich seine Erlebnisse außerhalb der Partnerschaft zu schaffen und am Ende ein neues »Wir« für sich entdeckt.

Wie weit sich eine Brücke vom alten »Wir« der Partner zum neuen des einen Partners schlagen ließe, zu dem ein einzelnes Ich, aber auch eine ganze Gruppe gehören könnte, hängt von der Toleranz, entscheidend jedoch von der Neugier des ersten Partners an menschlichen Beziehungen ab. Auch seine Bereitschaft, sich neuen Formen der Begegnung zu öffnen, spielt eine entscheidende Rolle. Das neue größere »Wir« müsste verschiedene kleinere Einheiten unterschiedlicher Zielsetzung integrieren können, sozusagen eine große Wohnung mit vielen Zimmern bilden. Es wäre zumindest ein Tanz auf dem Drahtseil. Ich meine aber: Ein entwickeltes Verständnis dafür, dass jeder Mensch sich einen Raum oder Freiraum bewahren will und muss, ist nötiger denn je in einer Welt, die dazu neigt, das Erlebnis des Einzelnen in Massenevents zu verlegen. Der eigene Freiraum muss nicht zur Absage an die Welt werden. Eines allerdings sollten wir uns bewusst machen: Indem ich mich auf mich selbst besinnen will und meinen Freiraum nutze, distanziere ich mich in der Tat vom Partner und von allen anderen, wenn auch nur für eine begrenzte Zeit.

Auch eine weltanschauliche Neuorientierung kann eine Entfremdung vom Partner bedeuten, und Entfremdung heißt zugleich immer Distanzierung. Zwar sollte genügend Freiraum für die Entwicklung getrennter Interessen der Partner zur Verfügung stehen, aber die Bemühung um immer neue gemeinsame Interessensphären darf nie aufhören. Die kleinen Freiräume für, wenn man so will, egoistische Bedürfnisse müssen stets unter dem großen Dach der gemeinsamen Erlebnisse und Gefühle gehalten werden, denn dieses gemeinsame Dach schützt und erhält das ganze System.

Dass bei vielen Paaren die erotische Beziehung im Lauf der Jahre nachlässt, ist kein Geheimnis und vor allem nicht überraschend. Diese Entwicklung ist etwas sehr Natürliches, denn was uns anregt, ist stets die Neugier und das Entdecken des Neuen. Das ist ein sehr starker Trieb in uns, der uns stimuliert und der auf Befriedigung drängt. Nach vielen Jahren der Zusammengehörigkeit kann sich bei einem von zwei Partnern der Gedanke festsetzen, es gäbe am anderen nichts mehr zu entdecken, und das Erotische erschöpfe sich in Gewohnheiten, die zwar als angenehm empfunden werden, ihn jedoch nicht mehr erregen, weil der Reiz des Neuen fehlt, es nichts Neues mehr zu entdecken gibt. Dieses Gefühl senkt die jeder Partnerschaft zugrunde liegende Spannung spürbar. Vielen Paaren gelingt es, die Spannung des Zusammenseins durch andere, neue Aktivitäten wieder zu erhöhen, und wieder spielt das gemeinsame Erleben neuer Welten die entscheidende Rolle. Das können intellektuelle Welten sein oder die Entdeckung neuer realer Räume auf Reisen und Expeditionen. Andere suchen den schwächelnden Eros durch gemeinsame ungewohnte erotische Erfahrungen zu stärken, indem sie sich der Swingerszene nähern oder einen Partnertausch in Betracht ziehen. Der Wunsch nach bisher nie gekannten gemeinsamen Erlebnissen ist der Ausgangspunkt und die Möglichkeit, am eigenen Partner etwas Neues zu entdecken, und zwar an dessen Verhalten im Austausch mit einem anderen Partner. Wenn beide Partner sich solchen Erlebnissen freiwillig zuwenden, scheint der springende Punkt darin zu liegen, dass sie sich gemeinsam dem Lustversprechen frei und ohne Eifersucht oder Besitzansprüche überlassen können. Für manche Paare liegt darin eine Stimulierung ihrer Partnerschaft, weil sie hier wieder gemeinsam etwas Neues erleben, gemeinsam Seite an Seite etwas zu entdecken haben. Bei anderen ist das Gegenteil der Fall. Die Unterschiede zwischen den Partnern werden noch deutlicher als zuvor, und die Erfahrung, dass ein anderer den eigenen Partner zur Belebung seiner erotischen Vitalität stimuliert, was mir selbst nicht mehr gelingen will, schafft tiefe Frustration. Eifersucht und die Verletzung des eigenen Besitzanspruchs tun ein Übriges. Diese Gefühle führen unvermeidlich zu einer psychischen Verengung, deren Lösung oft nur Trennung heißen kann.

Signale der Entfremdung

Die kleinen Signale unseres Körpers und unseres Gefühls, die sich lange vor der Entfremdung einstellen, können sehr leicht übersehen werden. Erst nach und nach bemerken wir, dass unser Partner sich häufiger als gewohnt von uns abwendet, sich schneller von anderen Interessen ablenken lässt, vor allem aber deutlicher erkennen lässt, dass er Zeit für sich selbst braucht. Unübersehbar markiert wird dieses Verlangen dadurch, dass er sich ganz real in ein anderes Zimmer zurückzieht und die Tür hinter sich schließt.

In sehr vielen Partnerschaften fällt es dem einen schwer, es nicht persönlich zu nehmen, wenn der andere einmal allein sein möchte. Sofort, wir sprachen schon davon, stellen sich Gedanken ein, die fragen: »Warum spricht er nicht mit mir über die Dinge, die ihn beschäftigen? Bin ich nicht gerade deshalb sein Partner, damit er seine Probleme mit mir teilen kann?«

In vielen Alltagsmomenten zeichnen sich die Unterschiede zwischen den Geschlechtern beispielhaft ab. Männer ziehen sich in problematischen Situationen gern zurück und brüten für sich allein über einer Lösung. Finden sie keine, kommen sie frustriert aus ihrer Klausur zurück und suchen auch dann nur höchst selten das Gespräch. Frauen sprechen lieber über Probleme.

Jede Frau weiß ein Lied davon zu singen, wie Männer reagieren, wenn sie beim Autofahren eine Adresse nicht auf Anhieb finden können. Sagt sie: »Warum machst du nicht einfach das Fenster auf und fragst jemanden?«, so antwortet er: »Nein, ich kenne mich jetzt schon aus!«, und dreht erfolglos wieder eine Runde. Hält er schließlich an, heißt es aus seinem Munde: »Frag du doch mal!«

Frauen sind da ganz anders. Sie denken oft noch, während sie schon reden. Sie brauchen, oder sagen wir besser, sie lieben das Gespräch, um ein Problem von allen Seiten zu beleuchten und alle seine Aspekte zu klären. Und manchmal können sie überhaupt nicht verstehen, dass es auch anders gehen könnte.

Aber nicht in jedem Fall verlangt es uns nach Hilfe von außen. Eine, wie ich es nenne, »innere Regeneration« haben wir mit uns selbst auszumachen. Denn sobald wir den anderen daran beteiligen, geben wir unser Selbstgefühl zu einem wesentlichen Teil auf, finden wir unser ursprüngliches Ich, das den Kern auch unserer Partnerschaft, nämlich der Freiwilligkeit dieser Partnerschaft ausmacht, nicht mehr wieder. Die Notwendigkeit dieser Einkehr zu sich selbst zu respektieren, sich zu sagen: »Er braucht mich nicht ständig. Es gibt Dinge, die er mit sich selbst ausmachen muss, und dieses Grundbedürfnis, das ich eigentlich auch von mir selbst kennen müsste, hat nichts damit zu tun, dass er mich im Stich lässt oder sich von meiner Person distanziert. Im Gegenteil, er regeneriert sich und wird mit neuer Energie zu mir zurückkommen.«

Der Rückzug in sich selbst hat viele Gesichter. Nicht jeder und nicht jedes Mal müssen wir eine Tür hinter uns zumachen, nein, der eine nimmt ein Buch in die Hand, um sich zu konzentrieren, der andere stellt den Fernseher an, um sich der realen Umwelt zu entziehen, der dritte geht einmal um den Block und wieder ein anderer meldet sich zu einem Volkshochschulkurs an, um überhaupt einmal etwas eigenes, allein für sich zu tun, oder er belegt als Hörer ein Hochschulseminar. Auch eine Reise in eine fremde Stadt, die einer allein unternimmt, kann sich hervorragend dazu eignen, dem gemeinsamen Alltag zu entkommen und sich ganz auf sich selbst zu beziehen. Wichtig ist immer nur, dass er dem eigenen »kleinen« Ich vorübergehend ein Erlebnis schafft. Man wird darauf achten müssen, in welcher Zeitfolge diese Ausflüge ins eigene Ich erfolgen. Werden sie immer häufiger oder länger? Dann nämlich könnten sie Gefahr signalisieren. Es stimmt etwas nicht mehr. Und die erste Frage beim Partner müsste nun sein: Wie lassen sich neue gemeinsame Erlebnisse schaffen und neue gemeinsame Ziele?

Handelt es sich um gelegentliche Auszeiten oder um eine begrenzte Periode der Regeneration, tut der Partner gut daran, sie dem anderen zu gönnen. Die abwertende Beurteilung einer Ablenkung des anderen durch ein Interesse, das wir nicht teilen können, ist nicht sehr fair, weil wir nicht darüber zu bestimmen haben, welchen Wert es für den anderen besitzen darf. Wir sind Partner, aber keine Richter.

Nehmen wir die entsprechenden Signale wahr, die uns bedeuten: Er wendet sich ab, er redet nicht viel. Oder beim weiblichen Partner: Sie ist immer häufiger mit Freundinnen zusammen oder übernimmt in ihrem Beruf mehr und mehr Aufgaben, die sie von zu Hause fernhalten. Dann steht es uns frei, vorsichtig nachzufragen, ob wir etwas für ihn/sie tun können, vielleicht auch einen Vorschlag für eine gemeinschaftliche Unter-

Ein Kissen am Körper zum Beispiel schützt die weichen Körperteile (Bauch).

nehmung machen. Fühlen wir aber, dass die Signale ein Bedürfnis anzeigen, einmal für sich allein sein zu können, sollten wir es respektieren.

Natürlich liegt es nahe, den anderen zu fragen, was ihn bewegt, und manche Menschen fragen dann auch mehrmals nach: »Was ist eigentlich mit dir passiert?« Es ist nicht ganz leicht zu entscheiden, ob einer vielleicht erwartet, mehrfach nach seinem Befinden gefragt zu werden, weil er sich in seinem Wert dadurch gesteigert fühlt. Denn oft wird der Wert einer Person daran gemessen, wie viel Fürsorge, wie viel Opferbereitschaft man ihr entgegenbringt und wie viel Zeit man ihr widmet, um ihr zu zeigen: »Du bist wichtig für mich.« Es gibt keine Regel und kein gültiges Maß für die Intensität des Mitgefühls und der drängenden Fürsorge. Die Gefahr liegt darin, dass sich dem so umsorgten Partner das Gefühl aufdrängt, einer Art Vampirismus ausgesetzt zu sein, ausgesaugt zu werden. Er wird versuchen, sich zu distanzieren, und sich schließlich dem ständigen Druck entziehen, weil er feststellen muss, dass er auf andere Weise nie mehr zu sich selbst kommen würde. Das Bedürfnis, sich auf sein ursprüngliches Ich zurückzuziehen, kann als ein Grundgesetz der Partnerschaft nicht einseitig außer Kraft gesetzt werden. Was deutlich gemacht werden darf, ja selbstverständlich sein sollte, ist die Bereitschaft, dem anderen die Rückkehr in die Gemeinschaft leicht zu machen. Das gilt für die Partnerschaft von zweien genauso wie für die Familie oder die Gruppe.

Umhüllt von einem weichen Schal ruhen wir uns aus, können aber trotzdem Interesse am Geschehen bewahren und bleiben dennoch ganz für uns.

Typisch für Frauen: Durch Schutz des vorderen Teils des Körpers entsteht Gemütlichkeit, Bei-sich-Sein, Vertrautheit mit sich selbst.

Zu den körpersprachlichen Signalen des Bedürfnisses, sich in sich selbst zurückzuziehen, gehört der gesenkte Blick genauso wie das Anziehen der Arme dicht an den Körper. Ich habe anfangs schon auf die für junge Mädchen typische selbstvergessene Körperhaltung hingewiesen: Sie schlingen ihre Arme im Sitzen um die zusammengenommenen Knie, sodass sie fast eine Kugel bilden. Hier bildet sich die Abgeschlossenheit des Rückzugs auf das eigene Ich exemplarisch ab. Sie wollen mit ihren Gefühlen, ihren Problemen, mit der Unausgewogenheit der modernen Welt allein sein wie auch mit sich selbst. Ähnlich schließen wir uns von der Außenwelt durch einen Schal oder eine Decke ab, die wir fest um unseren Körper wickeln. Wir bilden damit eine Art Kokon, in dem wir uns geborgen fühlen. Auch hier gilt, dass Distanz nichts Negatives bedeuten muss. Zum einen kann sie mich, wie eben beschrieben, zum eigenen Ich zurückführen, zum andern hilft sie mir, mich aus einem Griff, einer Umklammerung zu befreien, die mir unangenehm geworden ist. Das mögen eigene Gedanken sein, Abhängigkeiten oder die physische Nähe eines oder mehrerer anderer. Innere Probleme, die mich belasten, Erwartungen anderer an mich, die mich quälen – sie fallen in dem Augenblick von mir ab, in dem ich mich bewusst von ihnen distanziere. Wir können uns durch Distanz von ihnen befreien und machen damit Räume in uns frei, nicht nur für uns selbst, sondern auch dafür, wieder jemand anderen hineinzulassen.

Kontrapunkte: Beziehungsangst und das Bedürfnis nach Partnerschaft

Unsere Empfindlichkeit gegenüber jeder Form von Freiheitsverlust ist groß. Jeder Mensch versucht, seinen eigenen Raum, seinen Bewegungsspielraum, ob er nun geistig/seelisch oder real räumlich begriffen wird, zu verteidigen. Die Furcht davor, diesen Raum zu verlieren, ist eine der Gründe, aus denen Beziehungsangst entsteht. Die Vorstellung, sich wegen des anderen ändern zu müssen, obwohl man sich gar nicht ändern möchte, steigert diese Angst und verhindert das gemeinsame Errichten eines größeren Ich, eines neuen starken »Wir«. Nur wenn der Partner glaubhaft verspricht, jenen Freiraum zu gewähren, lässt sich die Beziehungsangst vielleicht überwinden. Das Gefühl, den eigenen Spielraum nicht aufgeben zu müssen, erleichtert den gefürchteten Schritt in die Bindung. Aber Vorsicht: Vielleicht ist der Raum sehr eng, vielleicht muss er mit jemandem geteilt werden! Es ist eine Investition von Vertrauen darauf, dass er mir wirklich zur Verfügung steht, wenn ich ihn brauche, um mich zurückzuziehen und der Partner es versteht, toleriert und ermöglicht.

Manchem Neuling in Sachen Partnerschaft kann es Schwierigkeiten bereiten, dass all die Dinge, die er bis dahin als sein Eigentum ansehen durfte, wie Bücher, Bilder, CDs, alte Schallplatten oder Möbel, nun auf einmal beiden gehören und von beiden benutzt werden. Er wird sich im freien, ungezwungenen Umgang mit den Dingen beengt fühlen und erst einüben müssen, dass es jetzt bei alledem heißen muss: Es gehört uns! Gelegentlich erwächst auch dann ein innerer Konflikt, wenn sich herausstellt, dass nur die eigenen gewohnten Gegenstände von beiden benutzt werden, weil der andere gar nichts einzubringen hatte, weil die Symmetrie in Geben und Nehmen fehlt. Zu hoffen bleibt, das die beiden Partner so begeistert voneinander sind, dass der Geber sich freut, wenn er den Nehmer, um es einmal so zu nennen, aus seinem Becherchen trinken und von seinem Tellerchen essen sieht, dass er ihm zu hören und zu lesen geben kann. Und hoffen wir zugleich, dass der andere sich nicht beschämt darüber zeigt und die Harmonie nun wieder dadurch in Schieflage gerät.

Die Angst vor dem Freiheitsverlust aber ist und bleibt das eigentliche Problem allen Anfangs von Zusammengehörigkeit: »Ich kann nicht mehr allein darüber entscheiden, was ich tun oder lassen will!« In Wahrheit sind wir jedoch immer von der Außenwelt, von »den anderen« abhängig. »Die anderen« also entscheiden darüber, ob sie meine Bedürfnisse erfüllen können oder wollen. Dennoch wird die Abhängigkeit vom Partner unmittelbarer spürbar. Ich werde mich also fragen müssen, wie stark mein Bedürfnis nach jenem neuen »Wir« ausgeprägt ist und ob ich überzeugt bin, dass es mein kleines Ich erweitert, meinen Genuss erhöht, meiner persönlichen Entfaltung dienlich ist, und ich in dieser neuen Gemeinsamkeit neue Freiräume gewinne. Glaube ich nicht daran, in dem neuen »Wir« neuen Raum zu gewinnen, wird sich meine Beziehungsangst kaum verringern.

Alle Angst vor Bindung löscht aber nicht unsere Sehnsucht nach einem Partner aus. Wir brauchen einen Partner, das fühlen wir, und niemand wird uns hindern, erste Schritte einer Partnersuche zu unternehmen. Natürlich sind wir nicht nur Getriebene unseres Bedürfnisses nach einem Partner oder unserer Einsamkeit, wir lassen uns auch anziehen von Ästhetik, von Schönheit, von Sexualität, manchmal auch von Statussymbolen oder schlicht von Geld und Besitz. Alles das scheint nur dazu geschaffen, uns in eine Bindung zu drängen. Begegnen wir einem Menschen, mit dem wir uns eine Beziehung vorstellen können, und er verspricht uns eine wunderbare Zukunft, in der alles zueinander passt: Liebe und Sexualität, überhaupt alles, steigt plötzlich die alte Angst in uns auf, und wir wollen nichts als weglaufen. Eine Tatsache müssen wir uns bewusst machen: Bei jeder Entscheidung kommt es in der Hauptsache nicht darauf an, wofür wir uns entscheiden, sondern darauf, worauf ich dabei verzichten muss, was ich dafür loslassen muss. Sobald ich mich auf einen Punkt zubewege, entferne ich mich von einem anderen. Diese Regel gehört zu den unumstößlichen kosmischen, räumlichen und psychologischen Grundgesetzen. Es wird sich nie etwas daran ändern. Der Preis, den man für gewünschte Nähe zahlt, muss sich also lohnen.

Die Ehe entsprach in der Vergangenheit mehr als heute dem, was man den »Bund fürs Leben« nannte und manchmal noch nennt. Der Ausdruck bedeutet schlicht und ergreifend: Es führt kein Weg zurück. Es handelt sich um eine Einbahnstraße und es gibt keine Optionen. Und das macht uns Angst. Dieser *way of no return* lässt uns zögern. Heute gibt es Alternativen, die allerdings, wie ich schon angedeutet habe, ihren Preis haben. Ein Grund für die aktuelle hohe Ehescheidungsrate ist mit einiger Sicherheit in einer nicht überwundenen Beziehungsangst zu suchen. Denn der Pendelschlag zwischen dem Wunsch »ich will« und dem Zweifel »will ich wirklich?« bleibt nie stehen. Selbst dann, wenn ich mich in einer Beziehung wohlfühle, kommt der Moment, in dem ich meiner Freiheit nachtrauere, in dem das Bedürfnis nach Freiraum mich geradezu überfällt. Wage ich es nicht, meinem Bedürfnis Ausdruck zu verleihen, weil es egoistisch klingen könnte oder aus Angst, missverstanden zu werden, entwickeln sich Aggressionen in mir. Ich werde unzufrieden mit dem Partner und beginne, ihn zu kritisieren, gleichgültig, was er tut. Ich beginne, gegeneinander aufzurechnen, was ich schon alles für den Partner getan habe und wie wenig er für mich. Wenn wir darin fortfahren, statt Aussprache, Ausgleich und Kompromiss zu suchen, so tun wir nichts anders, als Gründe für eine Flucht aus der Beziehung zu sammeln.

Gefährlich können uns auch Idealbilder werden, die wir uns schaffen, entweder von uns selbst oder vom Partner. Irgendwann werden wir erkennen müssen, dass die Wirklichkeit den Idealbildern gegenüber nicht bestehen kann, wir sind enttäuscht, dass der Partner dem schönen Bild in unserer Vorstellung nicht entspricht, und ängstigen uns vor seiner parallelen Erkenntnis, dass wir wiederum seinem Idealbild von uns nicht entsprechen. Wir ziehen uns zurück, weil wir nicht als Versager dastehen wollen. Die Angst zu versagen kann so groß sein, dass wir lieber allein bleiben, als uns dem Vergleich zur Illusion eines Idealbildes auszusetzen. Umgekehrt werden wir die liebliche Prinzessin oder den Ritter auf dem weißen Pferd unserer Fantasie in der Realität auch nie zu sehen bekommen, sind desillusioniert davon, dass Menschen immer nur Menschen bleiben und keine Märchenfiguren sind. Menschen sind auch keine Monster. Wir verwenden zwar die Begriffe Monster, Bestie et cetera für Menschen, die fürchterliche Verbrechen begangen haben, schauen wir ihnen jedoch einmal unvoreingenommen ins Gesicht, werden wir erkennen, dass es Menschen sind wie der Nachbar von nebenan, wie wir selbst: klein, schwach, unsicher, aufmerksam, mit allen Eigenschaften versehen, die Menschen eben haben, und trotzdem haben sie schreckliche Dinge getan. Indem wir sie mit Ausdrücken wie »Ungeheuer« oder »Monster« benennen, schieben wir sie in Distanz von uns, vielleicht weil wir sonst vor uns selbst Angst haben müssten. Ähnliches gilt für die Märchenfiguren unserer Fantasie. Sie spuken immer in unseren Köpfen, sodass die Realität gegen sie keine Chancen hat.

Im täglichen Umgang miteinander wird häufig genug über Bindungsangst und Bindungsüberdruss gesprochen: »Ich will mich einfach nicht fesseln lassen, fühle mich wie angekettet, habe keinen Spielraum mehr« und so weiter. Weit seltener spricht jemand von dem Glück, in seiner Beziehung Raum für sich selbst zu haben, um sich selbst entfalten zu können.

Dennoch ist das Bedürfnis nach Nähe unvermindert stark ausgeprägt. Nach wie vor setzen wir alle Energie dafür ein, einen Partner zu gewinnen. Wir versuchen sogar, wenn nötig, uns selbst zu verändern – ich möchte nicht sagen, uns selbst zu betrügen –, wenn es dazu beitragen könnte, der ideale Partner für den anderen zu sein oder als solcher zu scheinen. Allerdings geben wir uns später auch genauso viel Mühe, der Partnerschaft wieder zu entkommen. Wir benutzen uns selbst gegenüber jede denkbare Ausrede, nur um zu rechtfertigen, dass alles, was wir wollen, in diesem Moment heißt: nichts als raus! Wir haben einfach keine Zeit mehr. »Ich komme ja zu gar nichts mehr!« Unsere Ausreden bezeichnen unseren Zwiespalt. Sie beginnen alle mit der Floskel: »Ich liebe dich, aber …«. Wir sind hin- und hergerissen. Je nach unserem momentanen Bedürfnis machen wir aus dem Partner entweder einen Engel oder einen Teufel. Es hat nichts mit dem Partner selbst zu tun, sondern einzig mit unserer eigenen Verfassung: Brauchen wir gerade Nähe oder brauchen wir in diesem Moment Distanz?

Streit schafft Distanz. Wir suchen manchmal Streit, weil wir uns dem anderen im täglichen Einerlei zu nah gekommen fühlen und nicht wissen, wie wir uns dieser quälenden Nähe entziehen können. Dann ist es das Einfachste, einen Streit vom Zaun zu brechen, was es uns möglich macht, uns wenigstens innerlich vom Partner zu distanzieren. Danach macht sich wieder der Wunsch nach Nähe bemerkbar und es tut sich wieder die Tür zu einer schönen Versöhnung auf. Das Bedürfnis, einander in die Arme zu nehmen und sich zu lieben, kehrt erneut zurück. Eine dauernde Umarmung würden wir genauso wenig wie den Dauerzustand einer idealen Liebe überhaupt noch wahrnehmen. Denn wahrnehmen lassen sich nur Unterschiede. Deshalb werden wir, ob wir wollen oder nicht, uns immer der Pendelbewegung von Nähe und Distanz überlassen müssen.

Die zwei Seiten der Medaille: Das Ja und das Nein

Zu einem Ja gehört immer das Nein. Wir brauchen das Nein, weil es die Distanz markiert. Nein zu sagen ist der Ausdruck unseres legitimen Bedürfnisses nach Distanz. Wir haben es zu akzeptieren und zu respektieren, wenn wir es von unserem Partner zu hören bekommen. Das Nein verlangt nach Distanz und verweigert die Nähe, das kann sich auf physische Annäherungswünsche beziehen oder auf Ansichten, Vorstellungen oder Behauptungen, die wir nicht annehmen wollen. Ob in der Familie, am Arbeitsplatz oder in der Öffentlichkeit, ein Nein sollte erst einmal grundsätzlich akzeptiert werden – nicht nur im hierarchischen Gefälle von oben nach unten, sondern ebenso in umgekehrter Richtung. Ein Nein setzt stets Grenzen. Wenn wir es genauer betrachten, bedeutet es ein Ja für den Rest. Die Frage wird also sein, ob es absolut gelten soll oder Optionen für Veränderungen offen lässt, für Einschränkungen oder Auflagen. Wie ernst die Sache mit dem Nein werden kann, liegt auf der Hand. Das Nein zum Leben ist gleichbedeutend mit dem Tod. Ein Nein zu Menschen und Ideen führt in die Isolation. Isolation lässt unser Inneres veröden und führt zum seelischen Tod. Das Individuum bedarf der Nähe, die Austausch bedeutet, denn ohne Austausch wiederum entsteht keine Nähe. Wenn ich nichts von mir hergeben will, wird es keinen Austausch geben. Eros verlangt nicht nur Nähe, sondern auch den Austausch. Ist es zu Nähe und Austausch gekommen, wird unser Ich sich notwendigerweise wieder distanzieren wollen. Auch nach dem intimsten Austausch verlangt es jeden der Partner danach, sich wieder zu sich selbst zurückzuziehen. So folgen Verlangen nach Nähe und Verlangen nach Distanz einander in permanentem Wechsel. Darin liegt ein bedeutender Teil der Dynamik des Lebens.

Fehlender Austausch führt zu negativen Konsequenzen, die den Mangel kompensieren sollen. Dazu gehören ungezügelter Ehrgeiz, Machtstreben, Rücksichtslosigkeit, insbesondere gegenüber Abhängigen, die ewige Gier nach Geld und der Verlust eines inneren Gleichgewichts, zum Verlust des Du in mir selbst.

Das Nein als absolute Weigerung begriffen, führt in die Isolation. Es kommt darauf an, das Nein als eine notwendige Abgrenzung einzusetzen, und zwar durchaus konsequent, ein Ja aber bereitzuhalten, mit dem ich mich wieder einem Austausch nähern kann, dem Austausch mit anderen Menschen, dem Austausch von Ideen, dem Austausch von Gefühlen. Das heißt nicht nur, sich den anderen mitteilen zu können, sondern auch mit ihnen zu teilen. Wir wissen ja, wer als der »Geist, der stets verneint« im Mythos lebt. In der Fähigkeit, Nein sagen zu können, ohne ein Neinsager zu werden, liegt der richtige Umgang mit Ja und Nein, mit Nähe und Distanz.

Selbstablehnung

Das Nein existiert nicht nur zwischen mir und den anderen, zwischen mir und meiner Umgebung, sondern auch, heute vielleicht mehr denn je, als Nein zu sich selbst. Es wirkt besonders zerstörerisch. Das Nein zu mir selbst lässt sich auch als ein Ich ohne Du betrachten, denn es bedeutet, dass ich es nie zu einem inneren Dialog kommen lasse. Es gibt Menschen, die ihr Aussehen oder ihren Körper nicht akzeptieren. Ein Nein zu mir selbst, zu meinem Körper, zu meinem Gesicht oder zu meiner Art zu sein, setzt ein Werk der Zerstörung in Gang. Es fördert negative Gefühle in mir, und wenn ich mich selbst nicht akzeptiere, kann ich auch nicht in Austausch mit anderen treten. Vielleicht akzeptiere ich Teile in mir, aber da ich den Dialog verweigere, kommt es nicht zu Veränderungen, kann ich nichts kompensieren. Ich werde gar nicht danach fragen, ob das, was mir an mir selbst nicht gefällt, notwendigerweise auch anderen nicht gefallen muss. Vielleicht gefällt es ja anderen – und das wäre für mich ein Kapital, das ich zum Austausch einsetzen könnte. Stattdessen sehen wir, welchen Zuspruch die plastische Chirurgie heute verbuchen kann, wie sich junge Mädchen krank hungern, nur weil sie ein paar Pfunde zu viel am Leib nicht akzeptieren. Wenn ich jeden Morgen in den Spiegel schaue und mich nicht akzeptieren kann, kein Ja zu mir sagen kann, ist mir der Tag verdorben. Ich habe ein fremdes Bild, ein Wunschbild, in mir aufgebaut, wie ich mich sehen möchte, aber die Realität sieht anders aus. Ich verbanne mich selbst, mein wirkliches Bild, in diesem Moment. Dieses andere Ich, dieses Wunschbild meiner Fantasie, kommt mit meinem eigenen Ich in keinen Dialog. Ich distanziere mich durch dieses Nein von mir selbst und kann mich mir selbst nicht mehr nahebringen. Ich entwickle mir selbst gegenüber ein Fremdgefühl, eine Distanz, die an mir nagt und zu einer Verkümmerung meines wahren Ich, meiner ursprünglichen Persönlichkeit führen kann, weil kein Austausch stattfindet. Vielleicht lohnt es sich einmal zu versuchen, auch die Erscheinungsformen an mir zu akzeptieren, die mir vielleicht nie recht gefallen haben, vielleicht bemühe ich mich einmal, die Vorteile herauszufinden, die mir eine solch ungeliebte Seite an mir bringen könnte. Denn es existiert nichts an uns, was durch Kompensation mit etwas anderem nicht vorteilhaft für uns sein könnte, weil ein Minus auf der einen Seite fast regelmäßig ein Plus auf einer anderen Seite entwickelt. Wenn ich diesen Austausch akzeptiere, wenn ich weiß, dass gewisse Lebensumstände oder ein bestimmtes Aussehen, das mir nicht gefällt, im Zuge einer Überlebensstrategie auf der anderen Seite positive Kräfte für mich entwickeln. Wenn ich diese Seite in mir anzunehmen bereit bin, habe ich ein Ich gewonnen, das mit einem Du in mir in Dialog treten kann, um neue Möglichkeiten zu entdecken. Wir sollten so weit kommen, dass wir uns morgens im Spiegel anschauen und sagen können: »Du gefällst mir! Du bist in Ordnung!«

Natürlich lässt sich dieses Selbstverständnis nicht verallgemeinern. Verhilft ein chirurgischer Eingriff tatsächlich zu der beschriebenen positiven Akzeptanz unserer selbst, ist er gerechtfertigt. Die positive Einstellung zu uns selbst sollte stets Vorrang erhalten.

Wichtig ist mir auch, dass wir lernen, uns von manchen unserer Gedanken, von manchen unserer Taten zu distanzieren. Gewiss könnten wir sie auch nur kritisch betrachten. Es kommt aber vor allem darauf an, in einen inneren Dialog zu finden, der mir die Frage nahelegt: »Wie kann ich in einen Austausch mit den positiven Seiten in mir zu einem Ergebnis gelangen, das nichts unterschlägt und doch meiner Entwicklung zugute kommt?« Halten wir diese positiven Aspekte sozusagen unter Verschluss und rühren lieber gar nicht daran, sodass es zu keiner inneren Balance kommen kann, tragen sie zur Entwicklung eines kalten Egoismus bei, führen in eine negative Verschlossenheit, die positive Kommunikation unterbindet. Denn wenn ich mich nicht mit mir selbst identifiziere, distanziere ich mich von mir. Wenn wir jedoch lernen, zu uns selbst zu stehen, das eigene Ich zu akzeptieren, bleiben wir zu uneingeschränkter Kommunikation fähig. Wir sollten also unsere ungeliebten Seiten nicht totschweigen. Denn das bedeutet nicht mehr und nicht weniger als ihre Verbannung. Es ist besser, sich den inneren Widerspruch einzugestehen als ihn zu leugnen. Erst die Auseinandersetzung mit den Eigenschaften, die uns stören, verschafft uns die Möglichkeit, mit ihnen umzugehen und das ihnen gegenüber entwickelte Distanzgefühl zu verarbeiten. Jene Disassoziierung, die einer gewissen Distanz von uns selbst oder bestimmten Eigenschaften, also einer Verleugnung, entspricht, kann uns eine größere Einsicht in unsere innere Struktur verschaffen, uns positive und negative Strömungen, die uns bewegen, genauer erkennen lassen. Was wir zu fürchten haben, ist immer nur der Stillstand durch Verbannung. Wie anders wäre die berühmte Geschichte aus dem antiken Mythos verlaufen, hätte König Laios von Theben, der Vater des Ödipus, nicht einen Teil von sich verbannt, nur weil eine Prophezeiung (ein Orakel) sagte, er werde einst von Sohneshand sterben? Statt sich mit dem Orakelspruch auseinanderzusetzen und nach positiven Alternativen zu suchen, hat er seinen Sohn verbannt, ihn ausgesetzt, damit er zu Tode käme. Als sich beide viele Jahre später an einem Kreuzweg wieder trafen, erkannten sie einander nicht. König Laios war für Ödipus ein Fremder, sie gerieten in Streit, und Ödipus erschlug den alten Mann, unwissend, dass es sein leiblicher Vater war. Wie wäre die Geschichte ausgegangen, hätte Laios den Sohn damals nicht verbannt oder hätte Ödipus gewusst, dass der alte Mann sein Vater war, hätte er ihn dann im Streit erschlagen? Ödipus, der sich noch tiefer in Unheil und Schuld verstrickte, bestrafte sich schließlich selbst. Er stach sich die Augen aus. Die Verbannung, die ihm widerfahren war, hatte ihn in Unkenntnis gezwungen. Was wir zur Unkenntnis verbannen, bringt regelmäßig nur Zerstörung mit sich zurück. König Laios hatte die Nähe zu seinem Sohn verworfen, sie verbannt, indem er Ödipus im rauen Gebirge aussetzen ließ. Was zurückkam, war Zerstörung und Blindheit. Der Mythos von Ödipus hat zu zahllosen Gleichnissen Anlass zu geben. Mir kam er im Zusammenhang mit der Verbannung von Teilen unseres eigenen Ich in den Sinn, mit der wir Schwierigkeiten aus dem Weg gehen wollen und doch nur Zerstörung anrichten, statt Austausch und einen Ausweg zu finden. Nur wenn wir uns den Anzeichen negativer Eigenschaften stellen und eine Nähe zu ihnen suchen, statt sie zu verbannen und zu negieren, können wir auch Optionen einer positiven Wandlung finden.

Angst – das lebensfeindliche Element

Angst begleitet uns von früh an durch unser soziales Leben, weil wir von vornherein unter dem Druck stehen, Erwartungen anderer zu erfüllen und später auch selbst gesteckte Ziele uns bedrängen. Die landläufige Regel: »Wie es in mir aussieht, geht niemanden etwas an«, schafft bereits das erste Feindbild von der Gesellschaft. Man füttert uns eher mit Misstrauen und Angst als mit Hoffnung, Liebe und Vertrauen. Menschen, die von dieser Angst, ausgelöst von eigenen schlechten und natürlich stark dramatisierten Erfahrungen, geprägt sind, distanzieren sich vom Leben selbst. Sie haben Angst davor, etwas zu erleben, überhaupt Kontakt mit anderen aufzunehmen, und kultivieren in sich selbst permanent negative Gefühle. Sie sind voller Misstrauen. Und Misstrauen schafft immer Distanz.

Der Standpunkt eines Menschen ist eine wesentliche Position. Wo stehe ich? Wer keinen Standpunkt hat, ist auch nicht in der Lage zu definieren, wem er nahe ist und was ihm fernsteht. Nur wenn ich mich positioniere, lerne ich meine Postion zu den anderen kennen. Nur wenn ich mich in meinem Denken, in meiner Weltanschauung, in meiner Beziehung zu Menschen und Ideen festlege, kann ich erkennen, wo ich stehe. Wobei dieser Standpunkt nicht unveränderbar sein muss. Ich sage immer wieder: Starrheit ist Tod, Leben heißt immer Bewegung, heißt immer Veränderung. Nur das, was sich verändert, wirkt auf uns, nur das, was wir beim anderen in Bewegung setzen, lässt ihn uns wahrnehmen. Auf jeden Fall sind wir den Dingen, die uns bewegen, näher als solchen, denen gegenüber wir gleichgültig sind.

Steht uns ein Mensch gegenüber, der von sich glaubt, gerade zu stehen, wir aber, wenn wir genau hinschauen, erkennen, dass er von der Taille aufwärts bis zu den Schultern einen kleinen Bogen nach rückwärts beschreibt, glaubt er immer noch, gerade zu stehen. Aber objektiv gesehen ist er mit seinem Oberkörper und damit mit seinem Aktivitätszentrum in einem Minus von 20°. Bewegt er sich auf 0°, hat er das Gefühl, auf 20° plus zu sein. Geht er in Aktivität über, was normalerweise eine Steigerung von 10° oder 20° wäre, hat er das Gefühl, 30° oder 40° zu erreichen, was für ihn bereits als Übertreibung gelten muss. Er fällt zurück und begreift nicht, dass die eigene Eichung ihn an einer realen Kommunikation mit seiner

Manche Menschen schieben sich im Stehen mit den Schultern leicht nach vorn, als wollten sie nicht verweilen, sondern gleich wieder davon. Die Füße scheinen den Drang nach vorn gerade noch bremsen zu können. So aber findet der Mensch seinen Standpunkt nicht. Er steht durch den Widerspruch, den er mit seiner Haltung ausdrückt, ständig unter Druck.

Die meisten Menschen neigen sich im Stehen ein wenig oder ein wenig mehr nach hinten. Leicht erreicht der Neigungswinkel 10 bis 20%, wie es der männliche Partner auf diesem Bild schön demonstriert. Sein Verhalten gerät ins passive Warten. Die eingefallene Brust: Der Oberkörper liegt hinter der Fersenlinie. Beide Hände stecken inaktiv in den Hosentaschen. Der Wunsch nach Dominanz zeigt sich an den beiden Daumen, die er demonstrierend draußen hält. Der Blick ist interessiert, aber es fehlt die dynamische Entscheidung. Er wird ein passiver Beobachter bleiben.

Standbein und Spielbein: Der geneigte Körper weicht einer Konfrontation aus, da er keinen klaren Standpunkt darstellt. Beim Smalltalk sehr beliebt.

Für die gerade Haltung sollten Ohr, Schulter, Becken und Fußknöchel in einer geraden Linie liegen.

Der Wunsch nach Bewegung bringt uns aus dem geraden Stand. Bei Ehrgeiz zieht die Brust nach vorn. Bei klarer Entscheidung zieht das Bein als erstes voran.

Umwelt hindert. Denn seine Begriffe von Nähe und Distanz sind nicht richtig geeicht. Sein Standpunkt erweist sich als falsch. Vergleichen wir dies mit geistigen Standpunkten: Gehe ich nicht von einem neutralen Standpunkt aus, sondern beginne bereits mit einem negativen Standpunkt, befinde ich mich von vornherein mit einem Minus von xy-Prozent. In einer Diskussion mit anderen wird mein Standpunkt bereits als extrem angesehen, weil ich aus ihrer Perspektive der Realität schon weit enteilt bin. Sind es meine Empfindungen, die mich zu weit hinausgetragen haben, sollte es mir nichts ausmachen umzukehren und dem Partner entgegenzugehen.

Streit muss grundsätzlich gesehen ebenso wenig negativ sein wie Distanz. Ich streite, weil ich im Moment die Distanz zum anderen brauche, die mir vielleicht wieder die Ruhe zu neuer Objektivität vermittelt und damit eine neue Nähe. Streit ist oft der letzte Weg, um wahrgenommen zu werden, als wolle man sagen: »Bitte nimm mich wahr! Solange ich ruhig und lieb war, hast du mich ignoriert. War ich für dich bequem und habe ich funktioniert, hast du es als selbstverständlich hingenommen. Also muss ich mich ändern, damit du bemerkst, dass ich anders, also fremd geworden bin. Der Streit soll mir helfen, deine Aufmerksamkeit wieder auf mich zu lenken, vielleicht verbindet uns schließlich noch der Streit!« Auch die Angst zu streiten verhindert am Ende die erwünschte Nähe. Streit ist stets eine engagierte Aktion. Solange wir streiten, stehen wir noch in Beziehung zueinander. Das Gegenteil hieße Gleichgültigkeit.

Rituale von Nähe und Distanz zwischen den Geschlechtern

Es ist die Natur, die uns die Nähe zum anderen Geschlecht suchen lässt. Und so beginnt die Annäherung zwischen Mann und Frau mit dem Austausch von natürlichen, das heißt biologischen Signalen. Zu ihnen gehören Zeichen des Interesses, des Versprechens, Potenzsignale, Bewerbungssignale, ausgesandt, um dem begehrten Objekt die eigene Attraktivität vor Augen zu führen und es durch Genussversprechen anzuziehen. Der Austausch ist in vollem Gang, bevor wir auch nur ein einziges Wort miteinander gewechselt haben. Stumm, jedoch unmissverständlich wie die Flaggensignale zwischen zwei Schiffen beginnt damit ein Bewerbungsritual, dessen Regeln niemand erst zu lernen braucht, weil er sie seit Urzeiten in sich trägt. Erst danach kommen soziale und religiöse Spielregeln ins Spiel, die, je nachdem, den biologischen Voraussetzungen entsprechen oder im Widerspruch zu ihnen stehen.

Primäre Voraussetzung für die Annäherung zwischen Mann und Frau ist der Urtrieb aller irdischen Lebewesen, sich zu vermehren und damit der Erhaltung der eigenen Gattung zu dienen. Es folgt der Übergang in ein größeres System, das Familie oder Gruppe heißt, in dem es nun um Aufzucht und Schutz der Gemeinschaft gehen wird. Innerhalb der Gemeinschaft wird es Annäherungen anderer Art geben, die nicht dem Urtrieb des Eros folgen, sondern dem Überleben der Gemeinschaft dienen. Waren es in früher Zeit die männlichen Mitglieder einer Gruppe, die sich zur Jagd zusammenfanden oder zur Abwehr von Feinden, bringt die moderne Arbeitswelt die Zusammenarbeit beider Geschlechter in einer sozusagen neutralen Annäherung zueinander. Jeder bringt die eigenen Fähigkeiten, sein Wissen, sein Knowhow zum Vorteil der Gemeinschaft ein, mag sie Familie, Firma, Volk oder Menschheit genannt werden. Lassen wir es erst einmal damit auf sich beruhen, dass sich in diesen a priori neutralen Bereichen überall auch erotische Spannungsfelder bilden können und kehren wir zu der einfachen Annäherung, einschließlich des erotischen Zaubers zwischen zwei Lebewesen, zurück.

Dabei spielt der ästhetische Gesichtspunkt eine herausragende Rolle. Außer der Befriedigung seiner eigenen ästhetischen Bedürfnisse wünscht sich der männliche Partner eine gute Ehefrau, eine gute Mutter für seine Kinder. Aber auch schön soll sie sein, nach der hoffnungsvollen Regel: Eine schöne Mutter bringt auch schöne Kinder zur Welt. Wobei Intelligenz und Bildung nicht unterschätzt werden sollten, denn beides sind Voraussetzungen für gehobene soziale Verhältnisse. Die Natur aber ordnet sich nicht nach Bildung und auch nicht an erster Stelle nach Intelligenz. Sie orientiert sich an Gesundheit. Wenn wir von einem gesunden Tier sprechen, haben wir einen ungestörten Bewegungsfluss vor Augen. Denn jede Störung in der Bewegung weist auf eine Hemmung, eine Verletzung oder eine Krankheit hin. Die ausgeglichene Proportion der Körperteile zeigt ebenfalls ein gesund geborenes Wesen ohne Handicap und Behinderung. Auch das glänzende Fell und glänzende Augen weisen wiederum auf Gesundheit. Der symmetrische Körperbau ist eine der kompliziertesten Aufgaben der genetischen Programmierung durch die Natur. Schon der symmetrische Sitz, links und rechts, der beiden Flügel eines Schmetterlings erscheint uns zu Recht als ein Wunder. Asymmetrie bezeichnet in der Regel einen Defekt in diesem Programm. Alles, was symmetrisch ist, erscheint uns schön und damit gesund. Um es gleich zu sagen: Asymmetrie wirkt auf uns nicht im gleichen Maße schön, kann jedoch anregend sein und mobilisiert, eventuell gerade wegen ihres Handicaps gegenüber der Harmonie spendenden Symmetrie, besondere Energien.

Es ist bei Menschen nicht viel anders als bei den Tieren: Glänzendes Haar, strahlende Augen, ein symmetrischer Körperbau, gleichmäßige Proportionen signalisieren uns, nicht nur, aber bevorzugt bei Frauen, Schönheit und unbewusst auch Gesundheit. Abgesehen von den sich verändernden Sichtweisen, die uns die Mode beschert, wird Weiblichkeit durch den entwickelten Busen ausgestrahlt, durch sinnliche Lippen, große Augen, eine enge Taille, die das Becken, den gebärenden Körperteil, betont, und durch lange Beine, die sexuelle Reife bedeuten sollen.

Männlichkeit soll sich durch breite Schultern, Körpergröße, festem Blick, fließender Bewegung trotz harter Muskeln und einem kräftigen Becken beweisen. Das weibliche Geschlecht soll dadurch angezogen werden. Aber auch hier hängt mehr vom subjektiven Verlangen der anderen Seite ab als von gesetzten Normen. Einmal sind starke Hände verlangt, die signalisieren: Ich kann arbeiten, kann zupacken und festhalten, ein anderes Mal sind zarte, langgliedrige Hände gefragt, die für Kreativität, Zärtlichkeit und Beweglichkeit sprechen.

Mit den Zeiten wandeln sich auch die Bedürfnisse von Mann und Frau. In der modernen westlichen Welt stehen die Signale der Gebärfreudigkeit nicht mehr sehr hoch im Kurs. Geburten- und Sterberate haben sich stark verändert. Bei uns wird von den Frauen nicht mehr verlangt, viele Kinder zur Welt zu bringen, wie es heute noch in anderen Kulturen und unter dem Einfluss anderer Religionen der Fall ist. Gesucht wird eine Partnerin, mit der man gemeinsam das Leben verbringt, gemeinsam einen höheren Lebensstandard zu erreichen sucht. Die Durchschnittsfamilie bringt es auf nicht mehr als ein oder zwei Kinder. Eine Frau mit schlanker Figur und schmaler Büste erscheint heute genauso attraktiv wie ihre Vorgängerinnen in früheren Zeiten mit vollem Busen und breitem Becken.

Verändert hat sich auch die Partnersuche. Frauen wie Männer gehen auf die Suche nach Partnern. Früher war die Partnersuche vor allem Familienangelegenheit. Meist lag die Hauptverantwortung, wenn nicht beim Clan, bei den Eltern der Brautleute. Entschieden wurde nach der Frage: »Was ernährt die Familie?« Wirtschaftliche Interessen begründeten die Annäherung der Familien. Grundstücke, die zusammengelegt werden konnten, Unternehmen, die sich fusionieren ließen, Kapital, das sich vermehren ließ, Ämter, die sich ergänzten, das erhöhte die Sicherheit und die Erfolgsaussichten beider Familien und versprach der neu zu bildenden Jungfamilie Schutz und Ernährung. Liebesheirat war ein Fremdwort. Und das trügerische Versprechen hieß: »Mit der Ehe kommt auch die Liebe.«

Die Zeiten haben sich drastisch geändert: Heute werden Paare nicht mehr oder kaum noch von den Familien zusammengebracht. Trotz aller Technik und aller geistigen *coolness* führt die Menschen heute die pure Romantik zusammen: »Sie gefällt mir!« bzw. »Er gefällt mir!« Daraus kann sich jedoch ein Problem ergeben, wenn das Paar sich zur Familie weiterentwickelt, sozusagen in eine größere Einheit expandiert, die andere Spielregeln bestimmt als die romantisch oder erotisch bestimmte Zweisamkeit. Aber Erotik oder Romantik allein nährt auch keine Paarbeziehung. Sie behält allerdings ihren wichtigen Stellenwert als Voraussetzung für Nähe, für erotische Bindung, für beständige Sympathie und den Wunsch, einander nahe zu bleiben.

Erinnern wir uns an den ersten Blick, aus dem sich unsere Partnerschaft entwickelte? Mit ihm erhalten wir die erste Prägung vom anderen. Sie hätte negativ sein können oder positiv, je nach unseren Erwartungen und unseren Wertvorstellungen. Kommen wir dem anderen näher, können jedoch immer noch Korrekturen an unserem Bild vorgenommen werden. Vielleicht haben wir etwas übersehen oder falsch eingeordnet. Dafür ist erst einmal ein zweiter Schritt zu tun, zu dem der Entschluss erst gefasst werden müsste. Bleiben wir jedoch zunächst beim ersten Schritt. Ein Mensch, der seine Gefühle eher zurückhält, als sie spontan zu äußern, der unter Umständen Angst vor den eigenen Gefühlen hat oder jedenfalls davor, sie zu äußern, weil er voraussetzt, dass der andere ihn auf jeden Fall abweisen würde, er es also gar nicht versuchen brauche, sich ihm zu nähern – lauter spekulative Gedanken –, sagt sich lieber selbst Nein. Hat er sich immer wieder zurückgehalten und nie den Fluss seiner Gefühle erlebt und sieht er nun jemanden, den eine große Lebendigkeit auszeichnet, folgt der Bewunderung: »So würde ich auch gern sein!« – sogleich die Angst, nicht erfüllen zu können, was der andere gewiss erwarten würde, nämlich es ihm an Lebendigkeit gleichzutun. Also zieht er sich wieder zurück. Alles hätte positiv ausgehen können, wenn der andere angesichts der Hemmung seines Gegenübers seine Bewegungslust ein wenig reduziert hätte, um einen Ausgleich in Bewegung und Rhythmus zu schaffen. Um mit einem anderen Menschen in Kontakt zu kommen, auch wenn wir ihn gerade durch unser Anderssein fasziniert haben, müssen wir unseren eigenen Rhythmus verändern, damit sich die Wellen zwischen uns koordinieren können. Unterschiedlicher Rhythmus des Ausdrucks und der Bewegung hindern ein Zusammenkommen. Auch die Bewunderung bleibt immer nur eine Zuneigung auf Distanz.

Eine der Hemmschwellen, die uns daran zu hindern vermögen, mit einem möglichen Partner in Kontakt zu kommen, ist die Sorge, Erwartungen nicht erfüllen zu können, und die Furcht, sich lächerlich zu machen. Die sozialen Verhaltensrituale sind oft stärker als unser Mut. Aber die Frage ist doch: Wie kann ich Aufmerksamkeit auf mich lenken, ohne ein wenig aus der Reihe zu tanzen? Also müssen wir unser bisschen Mut zusammennehmen, zugleich aber genau im Auge behalten, wie der andere auf unseren Annäherungsversuch reagiert.

Flirtsignale

Von Blicken war schon mehrmals die Rede, von den Blicken, die wir schweifen lassen, von Blicken, die sich irgendwo festhaken, und von Blicken, die sich verfangen, die haften bleiben und sich schnell wieder lösen, wieder zurückkehren, um festzustellen, ob sie womöglich erwidert werden.

Es ist der Beginn eines Flirts. Ist mein Blick erwidert worden? Ich schaue einen Moment lang weg und gleich wieder hin, um Bestätigung zu finden. Ich wage ein Lächeln. Lächelt er/sie zurück, beginnt es mit einem ganz kleinen Schimmer in den Augen, und verbreitet sich erst danach über das ganze Gesicht. Das ist wichtig, denn machen die Augen nicht den Anfang, bleibt es nur bei einem Lächeln des Mundes, entspricht das nur einem Ritual von Höflichkeit, der Mensch selbst ist gar nicht involviert, sodass nur eine leere Formel übrig bleibt. Nur wenn die Augen beteiligt sind, hat mich etwas bewegt, zeige ich Interesse. Die Augenbrauen heben sich ein wenig und verstärken so den Ausdruck von Aufmerksamkeit. Ein zu breites Lächeln zu Beginn des Flirts, das sich schon dem Grinsen nähert, wird den anderen eher irritieren. Wir brauchen Zeit, um uns auf eine Beziehung einzulassen, in sie hineinzuwachsen. Wieder erweist es sich als hilfreich, wenn unser Mittelkörper sich ein wenig dem Partner zuneigt, aber die Distanz sollte nicht zu rasch verringert werden. Aus größerer Entfernung darf unser Lächeln etwas länger verweilen, solange der Augenkontakt besteht. In keinem Fall aber nützt es irgendetwas, den gewünschten Partner zu fixieren, weil es nicht als Werbung, sondern als Herausforderung verstanden werden könnte. Achten wir genau auf die Reaktionen des Partners! Weicht sein Blick aus und bleibt längere Zeit abgewandt, so will das in der Regel heißen: »So weit bin ich noch nicht!« oder: »So groß ist mein Interesse an dir noch lange nicht!« Kehrt der Blick wieder zurück, können wir davon ausgehen, dass doch noch Interesse an einer Kommunikation besteht.

Der Wunsch nach Nähe führt regelmäßig zu allerlei Augenspielereien, die viel versprechen und wenig halten müssen. Meine ich es ernst, werde ich darauf achten, dass meine Blicke dem Wunschpartner signalisieren: »Ich nehme dich wirklich wahr!« Nicht, dass wir den anderen mustern, er soll vielmehr fühlen, dass mich mehr an ihm interessiert als ein erster

Sie zeigt ihr Interesse durch einen Blick zu ihm. Er reagiert noch nicht. Sie schaut ihn mit ernster Miene interessiert an. Er zeigt noch keine Reaktion.

Er fixiert sie mit seinem Blick, sie schlägt die Augen nieder, als ob sie es nicht merkte und hält sich noch in sich geschlossen an ihrem Glas fest.

Beide sind, Mittelkörper gegenüber Mittelkörper, einander zugewandt und sie tauschen Blicke. Sie ist offener für näheren Kontakt, während uns seine Hände und Schultern Spannung verraten. Er ist noch ein wenig gehemmt.

Ihre Hand geht über die Mitte zwischen ihren Positionen in seine Richtung. Die Hände berühren sich fast. Er zieht seine Hand nicht zurück, da die Nähe ihm angenehm ist, aber sein strenger Blick und die angespannten Schultern zeigen, dass er noch nicht den nötigen Mut aufbringt, den nächsten Schritt zu tun.

Augenschein. Es ist oft die Frau, die das Spiel eröffnet: Indem sie den Blick etwas länger als nur flüchtig auf dem Gesicht des männlichen Bewerbers haften lässt, ermutigt sie ihn, den nächsten Schritt zu tun.

Wenden sich Schulter und Oberkörper des Adressaten von uns ab oder wechselt er seinen Beinüberschlag von uns weg in die andere Richtung, sollten wir die richtigen Schlüsse daraus ziehen und unser Glück vielleicht bei jemand anderem probieren, denn die Aussage ist deutlich: Unser Wunschpartner will sich vor unserer Annäherung schützen, ist nicht interessiert, zumindest jetzt noch nicht. Meist bilden Hand und Arm auch noch eine Schranke der Abwehr gegen uns.

Jede Hinwendung des Partners zu uns dagegen spricht von Ermunterung. Lösen sich die Oberarme etwas weiter als vorher vom Körper, erkennen wir darin ein Zeichen von Wohlbefinden: Der Kontakt wird als angenehm empfunden. Keine Abwehr und keine schützende Handbewegung sind nötig. Unsere Kontaktperson lässt ihren Mittelkörper ungeschützt. Verringert sich die Distanz zwischen den beiden Personen um mehr als die Hälfte und keiner von beiden zieht sich zurück, ist die Tür zu näherem Kontakt offen. Noch sollte eine Distanz von etwa einer Armlänge, gewahrt bleiben, wenn wir fühlen, dass es für eine intime Nähe noch zu früh ist. Denn immer noch könnte einer von beiden den allzu nahen Kontakt als bedenklich empfinden und es durch eine leichte Abwendung signalisieren. Es wäre klug, dieses Zeichen zu akzeptieren und seinerseits die Hand ein wenig zurückzunehmen, jedenfalls ein Zeichen des Verständnisses sehen zu lassen. Folgen keine weiteren Zeichen von Distanziertheit, kann ein nächster Schritt folgen, und es wird Zeit auch für den verbalen Austausch. Das Gespräch sollte noch nicht gar zu persönlich ausfallen, das Interesse am anderen jedoch deutlich hervortreten lassen. Ein bisschen Humor, ein kleiner Scherz helfen meist am besten weiter. Denn das Lachen öffnet uns und macht uns rezeptiver, empfänglicher für die Vorstellungen, aber auch für die Eigenart des anderen.

Fragen sollten in diesem Anfangsstadium der Bekanntschaft nicht zu persönlich ausfallen. Man sollte nicht mit der Tür ins Haus fallen: »Bist du verheiratet?« oder »Hast du eine Freundin/einen Freund?«, sind Fragen, die jetzt noch nicht gestellt werden sollten. Selbst die harmlos erscheinende Frage nach dem Beruf könnte heikel sein, wenn sich der andere nämlich gerade in seinem Beruf nicht wohlfühlt. Allzu schnell könnte der erwünschte Partner sich bei solchen Fragen zusammenziehen und verhärten, was wiederum eine neue Distanzierung auslösen würde. Angemessen wären vielmehr kleine Komplimente, überhaupt alles, was unser Interesse an diesem Menschen unterstreicht. Lassen wir anfangs alles im Spielerischen, erhöhen sich unsere Chancen. »Lass mich raten, was deine Vorlieben sind!« Vielleicht haben wir ja bemerkt, wie erfahren er einen Wein probiert, und schon ist ein angenehmes Gesprächsthema programmiert. Und natürlich sollten wir ein wenig von uns selbst erzählen, jedoch nicht zu viel. Es könnte nach gesteigerter Egozentrik aussehen, und unser Interesse an seiner Person sollte doch im Mittelpunkt bleiben.

Erweisen sich diese Formen der Annäherung als akzeptiert, können sie durch kleine flüchtige Berührungen unterstützt werden. Ein Tippen mit dem Finger auf die Hand oder den Arm des anderen wäre angemessen, allerdings nicht von oben nach unten, und vor allem nicht in der Nähe von Intimzonen. Eine Rolle dabei spielt auch die Frage, wo wir uns in dieser ersten Annäherungsphase befinden.

In einem Tanzlokal fallen uns die Gelegenheiten zu kleinen Berührungen ganz ungezwungen in den Schoß. Tanzen führt, jedenfalls bei herkömmlichen Tänzen, unumgänglich zu körperlichen Berührungen. Hier spüren wir sofort, ob noch Widerstand vorhanden ist oder ob der Körper sich dem Kontakt öffnet. Bei modernen Tänzen bewegen sich die Tanzenden zwar jeder für sich auf dem Podium, und dennoch lassen sich Schlüsse daraus ziehen, wie der oder die Einzelne sich darstellt. Will man sich von seiner besten Seite zeigen, gibt man seinen Bewegungen eine gewisse erotische Note, die den Partner lockt. So wird es nicht an seiner Bereitschaft fehlen, sich auch berühren zu lassen. Auch wenn wir nur miteinander bei Tisch sitzen, lassen sich Signale wie nebenbei austauschen. Fußspitzen, die sich einander unter dem Tisch nähern, selbst ohne einander zu berühren, können als akzeptierte Signale der Zustimmung gelten.

Eng aneinander gepresste Knie dagegen sprechen von totaler Sperre aller Intimzonen, das verordnete Wohlverhalten sozialer Regeln ist noch nicht besiegt. Öffnen sich die Knie ein wenig, und das gilt natürlich in erster Linie für das weibliche Geschlecht, haben wir es zumindest mit einer Lockerung des Tabus zu tun, vielleicht auch mit einem Zeichen erhöhter Aufnahmebereitschaft. In unserer Welt der allgemeinen Jeansmode fällt diese Geste leichter, hat aber auch nicht unbedingt viel zu sagen.

Sie schaut zu ihm hinüber.
Er scheint noch weit ent-
fernt, ist ganz bei sich.

Sein Kopf bewegt sich in
ihre Richtung. Sie lächelt
ihn leicht an. Ihr Signal
hat vielleicht doch eine
Wirkung.

Ihre Blicke treffen sich. Ihr
Lächeln verstärkt sich, die
Körper sind einander
zugewandt. Er ist trotz
seines Lächelns in der
Schulterpartie noch
angespannt.

Mit kleinen Flirtsignalen zieht sie im Vorbeigehen die Aufmerksamkeit auf sich.

Bei Männern wirkt eine breitbeinige Sitzposition durchweg provokant. Auf der einen Seite weist sie auf große Selbstsicherheit hin. Lässt er seine Hoden, die empfindlichsten Teile seines Unterleibs, ungeschützt, bedeutet dies anderen Männern gegenüber: »Ich habe keine Angst vor dir, ich fühle mich sicher.« Männer lassen bei breitbeinigem Sitzen meist eine Hand vom Knie herabhängen, um den empfindlichen Hodenbereich zu schützen, oder sie schlagen ein Bein über das andere und nutzen das Schienbein als Barriere, bereit, jeden Schlag zu bremsen, der sie von außen treffen könnte.

Wenn Frauen sich mit geöffneten Schenkeln hinsetzen, können sie eine physische Wirkung nicht vermeiden: ihre Schamlippen öffnen sich. Meine Großmutter sagte gern: »Wer mit offener Tür dasitzt, soll sich nicht darüber wundern, wenn Gäste kommen. Bitte haltet die Knie zusammen!« Das war die Moral einer alten Zeit, in der die Frauen bei der Hausarbeit häufig Töpfe oder auch das Waschbrett zwischen den Knien gehalten haben und unter ihren langen Röcken nicht sehr viel anzuziehen hatten.

Auch wenn solche Signale weder bewusst noch gezielt eingesetzt werden, bleiben sie für den Betrachter doch eine mögliche Aussage, die subjektiv interpretiert werden kann, ja, geradezu dazu einlädt. Selbst in der modernen Jeanskultur wird ein Mann, der einer locker breitbeinig sitzenden Frau gegenüber sitzt, ein bisschen irritiert sein und wahrscheinlich die eigene Sitzposition ändern und einen Sitzwinkel wählen, der seinen Blick in eine andere Richtung lenkt.

Annäherung hat ihre Regeln. Vermeiden wir die direkte Konfrontation und wählen eine seitliche Stellung zum Partner, können wir ein größeres

Phasen einer Annäherung: Beide Partner schauen einander an, beide haben, wie ihre Hand-
und Armstellung zeigt, eine geschlossene Haltung. Es muss etwas passieren. Beinstellung und
Körperhaltung neigen zueinander.

Die Partnerin macht den Anfang. Mit ihrer Handbewegung überschreitet sie die Mitte der kon-
ventionellen Distanz. Er nimmt das freundlich zur Kenntnis, bleibt aber geschlossen und vermeidet den Blickkontakt. Kann sein, dass es für ihn zu schnell ging.

Während sie offen bleibt, beginnt er, sie zu fixieren. Unsichere Männer neigen dazu und glauben damit ihre Überlegenheit zu demonstrieren.

Sie zieht sich zurück, ihr rechtes Bein wandert von ihm weg, die Arme sind geschlossen, zugewandter Mittelkörper und lächelnder Blick versuchen ihn trotzdem zu ermutigen. Er versucht, sie durch einen fixierenden Blick zu beeindrucken und seine Daumen weisen auf seine Potenz. Dennoch bleibt sein Oberkörper passiv.

Alles bleibt beim Alten, obwohl beide mit einem Arm die Konventionsgrenze überschreiten.
Keine Bewegung spricht für eine aktive Annäherung.

Mit dem Handrücken, aber eben nur mit dem Handrücken wagt er eine halbherzige
Berührung. Die Körper nähern sich nicht um einen Zentimeter. Er wartet zuerst passiv ihre
Reaktion ab.

Sie wagt mit ihrem Griff an seinen Oberschenkel eine schon ziemlich intime Annäherung. Er sitzt wie auf dem Sprung. Eigentlich schon auf der Flucht, zeigt seine breite Sitzposition noch einmal Potenz. Die Annäherung aber ist gescheitert. Er verteidigt sich mit beiden Ellenbogen, kann sich aber nicht entscheiden.

Maß an Nähe riskieren, ohne eine Abwehrreaktion herauszufordern. Je mehr wir uns der Mitte zuwenden, um einander schließlich Mittelkörper gegen Mittelkörper gegenüberzustehen, umso vertrauter und intimer wird die Begegnung. Kommen wir einander frontal so nahe, dass unsere Lippen sich treffen könnten, haben wir die Grenze der Intimität überschritten.

Wieder treffen wir auf die Unterschiede zwischen den Kulturen. Über die unterschiedlichen Berührungsrituale in Großbritannien und den Vereinigten Staaten hat der aus Österreich stammende Kommunikationswissenschaftler Paul Watzlawick sich ausführlich geäußert und auch in meinen Veröffentlichungen zum Thema Körpersprache, beispielsweise *Partnerschaft und Körpersprache*, habe ich über die Stufen der Annäherung in unterschiedlichen Kulturen geschrieben.

Watzlawick erwähnt in seinem Buch *Wie wirklich ist die Wirklichkeit*, dass sich in den ersten Jahren nach dem Zweiten Weltkrieg US-Soldaten vorübergehend auch in Großbritannien aufgehalten haben und damals selbstverständlich auch Kontakte zu englischen Mädchen knüpften. Merkwürdigerweise habe es von beiden Seiten Klagen über das Sexualverhalten der anderen gegeben. Die Engländerinnen beklagten sich darüber, dass die GIs zu schnell zur Sache kämen, und merkwürdigerweise behauptetem die Amerikaner das Gleiche von den Damen, nämlich wie schamlos es sei, dass sie schon nach dem ersten Kuss zu sexuellem Kontakt bereit gewesen seien. Des Rätsels Lösung liegt in der Tatsache, dass der Kuss in den beiden Kulturen einen anderen Platz in der Reihenfolge der etwa dreißig Stufen der Annäherungsrituale besetzt. Bei den Amerikanern steht der Kuss auf Stufe fünf, also relativ nah am Anfang, bei den Engländern auf Stufe 25, sodass der Kuss im britischen System bereits die intime Stimulierung des Beischlafs bedeutet. Wenn der GI lediglich der Meinung war, es sei nun Zeit für den ersten Kuss, musste das für die englischen Mädchen sehr verwirrend sein, dass der fremde Freund so schnell mit ihr schlafen wollte. Für sie gab es nur zwei Alternativen, entweder die sofortige Beendigung des Verhältnisses oder die Bereitschaft zu Intimitäten – was wiederum für den Amerikaner überraschend kam.

Es geht grundsätzlich um die Reihenfolge von Berührungen in vertrauter Nähe. Lippenkuss oder Zungenkuss, was erlauben die Rituale der Völker? In welchem Stadium der Intimität ist die Berührung der Brust noch tabu, wann ist sie geradezu gefordert? Wir dürfen jedoch nicht davon ausgehen, dass diese Rituale in einem fortgeschrittenen Stadium des intimen Umgangs miteinander außer Kraft gesetzt sind. Annäherung und Intimität sind nie als selbstverständlich vorauszusetzen, selbst in einer langjährigen Partnerschaft nicht. Habe ich den Eindruck, dass die Signale meines Partners sich verlangsamen, kann ich versuchen, eine Beschleunigung herbeizuführen, überspringen jedoch lässt sich nicht eine einzige Stufe des jeweils geltenden Rituals, vom Augenkontakt über die Annäherung, von den kleinen Berührungen bis zum zärtlichen Kuss und hinauf in die Höhen der Lust. Es ist der Respekt vor dem Partner, der es ihm erlaubt, auf jeder dieser Stufen mit Ja oder Nein zu reagieren. Denn jeder von uns kann in irgendeinem beliebigen Moment von dem Bedürfnis nach Distanz überfallen werden. In einer funktionierenden Partnerschaft bedarf es dann keiner Ausreden, wie: »Ich habe Kopfschmerzen – ich habe meine Tage – die Arbeit wächst mir über den Kopf.« Wiederholen sich derartige Ausreden über einen längeren Zeitraum hin, sollten wir uns langsam, aber sicher über die Qualität der Beziehung Gedanken machen. Die Frage ist, wieweit solche Distanzierungen tiefer begründete Ursachen haben. Eine offene Aussprache über die Gefühle, die eine Partnerschaft erweckt, könnte hilfreich sein, Kränkungen, Verletzungen und nicht erfüllte Erwartungen ans Licht bringen, die dem gegenseitigen Vertrauen geschadet haben, und den gestauten Fluss positiver Energie zwischen den Partnern wieder zum Fließen bringen. Gründe sind aber gar nicht ausschlaggebend, denn in einer von gegenseitigem Respekt getragenen Beziehung ist es selbstverständlich, dass es keine zwangsweise gewährte Intimität zu geben hat.

Unsere zivilisatorisch begründete Geruchsempfindlichkeit – es war schon die Rede davon, dass wir einander gut oder weniger gut »riechen« können – hat uns den natürlichen Ausdünstungen eines Menschen entfremdet. Es gibt Ausnahmen, in denen ein nach Schweiß und Kampf duftender Männerkörper erotische Gefühle weckt. Dennoch ziehen wir es vor, mit Duftwässerchen und Salben einen künstlichen und doch wieder eigenen Duft zu kreieren. Zwar handelt es sich um Ersatzstoffe, dennoch machen sie für uns die persönliche Note eines Menschen aus und können uns durchaus erotisch inspirieren. Manchmal erinnert uns ein bestimmter Duft noch nach Jahren an einen Menschen, der uns einmal etwas bedeutet hat.

Von den Zielen der Annäherung

Wenn wir von Flirt sprechen, haben wir zumeist die spielerische und vor allem erotische Annäherung zwischen Mann und Frau im Sinn. Fassen wir den Begriff aber etwas weiter, lassen sich viele Varianten von Begegnungen zwischen Menschen unabhängig von ihrer Geschlechtsbestimmung darunter zusammenfassen. Verstehen wir den Flirt nämlich nicht allein als ein Vorspiel für Vereinigung und Vermehrung, erkennen wir darin auch die Merkmale eines Austausches mit kleinen Versprechungen. Es könnte damit nicht mehr und nicht weniger als ein positiver Signalwechsel verstanden werden. Es genügen ein paar freundliche Komplimente, überhaupt der Austausch von Zeichen der Wertschätzung unter Partnern. Nicht erst seit gestern bahnen sich Beziehungen und Bekanntschaften vielfach am Arbeitsplatz an. Die Reduzierung auf die reine Funktion, die man in der Arbeitswelt einnimmt, ignoriert, dass eben nicht nur eine Funktion zur

Arbeit antritt, sondern der ganze Mensch. Wer glaubt, die Zusammenarbeit zwischen Menschen ließe sich auf ihre offiziellen Funktionen herunterrechnen, müsste davon ausgehen, dass zwischen Mitarbeitern untereinander sowie Arbeitgebern und Arbeitnehmern überhaupt keine menschlichen Beziehungen entstünden, was nur als offenbarer Unsinn bezeichnet werden kann. Ohne diese Beziehungen könnte es gar keine Motivation geben könnte, und zwar unabhängig davon, ob es sich um die Beziehung zwischen Menschen handelt oder um die Beziehung zwischen dem Einzelnen und seiner Arbeit. Wenn kein Gefühlsengagement vorhanden ist, bewegt sich nichts mehr in mir – gar nichts. Ich bleibe gleichgültig. Um es kurz zu machen: Auch am Arbeitsplatz bleibt der Mensch von seinen Gefühlen abhängig, und seine Leistung hängt mit seiner Befindlichkeit zusammen. Er wird sich öffnen und verschließen, ganz wie in jeder anderen Lebenssituation, und er wird stets von den Einflüssen abhängig sein, die von den Menschen seiner Umgebung auf ihn einwirken. Persönliche Annäherung und Abwendung bestimmen auch unseren Arbeitsalltag. Wo immer wir es mit Menschen zu tun haben, ist der Austausch von Signalen allgegenwärtig. Wir tun gut daran, auf sie zu achten und sie zu respektieren. Das gilt auch für den Flirt, in welcher Variante er auch auftreten mag. Und es gilt insbesondere für die Haltesignale.

Das Nein mag ausgesprochen sein oder sich körpersprachlich zeigen. Die Signale sind meist kaum zu übersehen. Jemand wendet sich von mir ab, ein anderer beschäftigt sich plötzlich und scheinbar unmotiviert mit seinen Papieren oder, ein untrügliches Signal, jemand, dem ich im engsten Sinne des Wortes zu nah getreten bin, steht von seinem Platz auf, um zu verhindern, dass ich mich auch noch über ihn beuge, vielleicht um ihm über die Schulter zu schauen. Im Stehen ist es einfacher, entweder wegzugehen oder die Konfrontation zu suchen. Manchmal genügt es auch, den Blickkontakt abzubrechen, denn das bedeutet, dass der Dialog zu beenden ist. »Ich möchte nicht mehr, bitte lass mich in Ruhe!« Werden solche Signale wahrgenommen und respektiert, sollte es keine Probleme damit geben, dem Flirt mit all den kleinen Komplimenten, dem Lächeln, ja selbst einer Andeutung von Eros auch am Arbeitsplatz Raum zu lassen. Es motiviert sogar die Arbeitsleistung, wenn man gern zur Arbeit kommt, sich unter den Kollegen anerkannt weiß und sein Vergnügen am Austausch mit ihnen hat.

Männliche und weibliche Reaktionen

In allen Formen der Annäherung gibt es Unterschiede in der Reaktion von Frauen und Männern. Männer reagieren in erster Linie linkshemisphärisch, das heißt, schneller und stärker auf kleinste Anzeichen, denn ihr Unterbewusstsein wartet nicht auf analytische Ergebnisse. In Momenten der Gefahr genügt ihnen ein Schatten, eine unerwartete Bewegung, um ihr gesamtes Alarmsystem hochzufahren. Eine Andeutung reicht schon aus, um sie in eine bestimmte Richtung hin zu stimulieren.

Sie konzentrieren sich auf einzelne Details, gerade in diesem Spiel von Flirt und Annäherung. Das erste Zeichen der Anziehung hält sie fest. Die Frauen wissen das längst, deshalb betonen sie solche Signale von Attraktion sorgfältig. Sie schminken ihre Augen stärker, sie betonen ihre Lippen, sie öffnen großzügig ihr Dekolleté, heben ihren Busen (push up), nutzen die Mode der kurzen Röcke, um ihre schönen, langen Beine zur Wirkung zu bringen, je nachdem, welchen Körperteil sie für besonders anziehend halten. Den Männern reicht die Entdeckung dieser Details, um nach dem Ganzen zu verlangen.

Frauen reagieren überhaupt eher auf eine Ganzheit. Sie lieben vielleicht auch schöne Hände beim Mann oder einen hübschen Hintern. Ausschlaggebend aber ist das Gesamtbild für sie, weil sie vornehmlich rechtshemisphärisch reagieren, was einer Ganzheitswahrnehmung entspricht. Die Gesamtheit der Erscheinung muss ihnen passen, ihnen gefallen. Was Frauen, einmal abgesehen vom äußeren Erscheinungsbild eines Mannes, beeindruckt, ist sein Verhalten in der Gruppe, das seine Selbstsicherheit augenscheinlich macht. Wer Führung in einer Gruppe übernehmen kann, steht in einer herausragenden Position, was von der Frau basisbiologisch so ausgelegt werden kann, dass er ein besserer Ernährer für sie und ihre Kinder sein würde als ein schwächerer Partner. Wenn wir sagen, Geld ist sexy, bedeutet das eigentlich nichts anders als ein Versorgungsversprechen. Was signalisiert den Status des Erfolgreichen? Alles, was wir unter das Motto: »Kleider machen Leute«, subsumieren können: Die teure Uhr am Handgelenk, das feine Tuch des Anzugs, der Sportwagen vor der Tür. Wir können sicher sein, dass Statussymbole bemerkt werden. Sie sind das Erste, was ins Auge fällt. Akademische Titel und die Bezeichnungen sozialer Hierarchie sowie Intellekt und Kreativität versprechen ebenso ein gesichertes und gehobenes Leben. Da haben es die sogenannten »inneren Werte« schwerer, ans Licht zu kommen und angemessen geschätzt zu werden. Wissen und Gesinnung, gute Sitten und Humor machen sich erst nach längerem Hinsehen oder Zuhören bemerkbar. Um zu dieser Information zu kommen, muss die primäre, weil äußerliche Einschätzung vorangegangen sein. Ich muss mich auf den anderen eingelassen haben, um in einen Austausch auf geistiger Ebene mit ihm zu gelangen. Jetzt erst kann sich die Anziehungskraft einer geistigen Überlegenheit erweisen.

Anziehungskräfte und Erfolgsaussichten

Jeder wünscht sich, wahrgenommen zu werden, und wir versuchen alle, Aufmerksamkeit anzuziehen. Beim Flirt, bei jedem Versuch, sich einem anderen Menschen anzunähern, erhält die Frage nach unserer Wirkung auf andere singuläre Bedeutung. Die Erkenntnisse über die Spiegelneuronen in unserem Gehirn, von denen schon in anderem Zusammenhang die Rede war und durch die wir uns im anderen wiedererkennen können, zeigt, dass beispielsweise ein Lächeln nicht nur auf uns, sondern zugleich auf andere wirkt. Ein Lächeln, das sich über mein Gesicht ausbreitet, macht es dem übrigen Körper faktisch unmöglich, sich zu verkrampfen. Wenn wir einen anderen Mensch anlächeln, wird ihm gar nichts anderes übrig bleiben, als zurückzulächeln. Es sei denn, er wäre ein ganz verstockter Typ.

Ich will also Aufmerksamkeit erwecken. Wie mache ich das, wenn meine Zielperson nicht gerade neben mir steht? Sie ist im selben Raum mit mir, aber in kaum erreichbarer Entfernung. Wie wäre es, wenn ich einfach einen Löffel fallen lassen würde, der ein schepperndes Geräusch verursacht, sodass alle Köpfe sich nach mir umdrehen? Richte ich nun meinen Blick mit einem Lächeln, auch wenn es nur ein Verlegenheitslächeln wäre, allein auf die eine Person, um die es mir geht, werde ich außer einer flüchtigen Aufmerksamkeit aller vielleicht doch ein besonders Interesse bei meiner Zielperson angestoßen haben, und zwar nur durch mein Lächeln, das zu beantworten fast unumgänglich sein müsste.

Weniger feinsinnig, aber vielleicht mindestens so auffallend kann es wirken, in einer kleinen Gesellschaft in lautes Gelächter auszubrechen.

Die beiden verstehen einander! Auch ihre Körperhaltung, einschließlich der Handstellung, gleicht sich fast vollkommen, der eine fühlt, was der andere empfindet. Die modere Wissenschaft führt diese Fähigkeit des Menschen auf gewisse Gehirnzellen, Spiegelneurone, zurück, die solche Einfühlung befördern.

Ein gemeinsames Gefühl spiegelt sich körpersprachlich wider. Der Gesichtsausdruck oder auch spontane Bewegungen unseres Gegenübers zeichnen sich in unserem Gehirn ab. Befinden wir uns mit ihm in gleicher Gefühlsstimmung, entstehen Spiegelbilder. Die beiden Kolleginnen haben bei ihrer Arbeit ganz unbewusst eine absolut kongruente Haltung angenommen.

Manche Männer heben aus solchem Anlass plötzlich ihre Stimme oder sprechen mit ausladenden Gesten. Übertreibungen allerdings erzeugen meist wenig Sympathie, also das Gegenteil der erwünschten Wirkung.

Die Erfolgsaussichten hängen von verschiedenen Komponenten ab, natürlich vom Ziel meiner Annäherung, aber auch von persönlichen Konstellationen. Wer mit der eigenen Schüchternheit zu kämpfen hat, wird eher weniger riskieren als jemand, der seine Schüchternheit zu überspielen weiß oder dessen Selbstbewusstsein ohnehin ganz ungebrochen ist. Dem Schüchternen fällt es leichter, wenn der andere den ersten Schritt zur Überwindung der Distanz unternimmt und versucht, die Hemmung, die er bei seinem Gegenüber wahrnimmt, mit einem Kompliment zu lösen. Jener Hemmung liegt ja fast immer die Angst zugrunde, zurückgewiesen zu werden. Deshalb werden die eigenen Angebotssignale so gut es geht versteckt, und das kostet wiederum so große Anstrengung, dass die Kraft fehlt, die entgegenkommenden Signale des Wunschpartners überhaupt wahrzunehmen. Dieser doppelte Energieverlust verleitet einen schüchternen Menschen leicht dazu aufzugeben, sich in sich selbst zurückzuziehen und damit die Distanz zum anderen weiter zu vergrößern. Dem schon vorher vorhandenen negativen Selbstbild »Der andere will ja sowieso nichts von mir wissen«, gesellt sich ein Misstrauen, das einem Menschen einzuflüstern versteht: »… und wer weiß, was er wirklich von mir will, wenn er sich so freundlich gibt?«

Es liegt tatsächlich ein Risiko in dem Entschluss, sich einem oder einer anderen in aller Öffentlichkeit zu nähern, um ihm oder ihr seine Sympathie oder mehr zu offenbaren. Das gilt jedenfalls für die Annäherung einem oder einer Unbekannten gegenüber und das unter den Augen vieler anderer. In einer größeren Gesellschaft können alle zuschauen, wie man sich auf den Weg macht, sich dem »Objekt seiner Wünsche« zu nähern. Nehmen wir an, es handelt sich um eine Frau, die mit guten Bekannten an einem Tisch sitzt und von einem ihr und den anderen unbekannten Mann mit dem sichtlichen Wunsch einer Annäherung angesprochen wird. Sein Risiko ist es, von ihr zurückgewiesen zu werden und sich vor allen anderen lächerlich gemacht zu haben. Ihr Risiko liegt darin, dass ihre Freunde und Bekannten sich eher über ihre Zugänglichkeit mokieren könnten als über eine Abweisung des Kandidaten. Sollte er ihr aber imponieren, auch der gewissen Kühnheit wegen, die er gerade bewiesen hat, sollte sie Mittel und Wege finden, sich ohne deutliche Ablehnung aus der Affäre zu ziehen.

Wie es um die Aussichten einer Bewerbung um Nähe steht, liegt, wie ich schon angedeutet haben, unter anderem am Ziel, das hinter der Annäherung steht. Zwischen Mann und Frau gibt es viele Gründe, miteinander eine Beziehung einzugehen. Männer wissen natürlich, dass sich ihr gesellschaftliches Ansehen durch eine schöne Frau an ihrer Seite heben lässt. Das äußere Erscheinungsbild eines Mannes wird dagegen kaum etwas zur höheren Wertschätzung seiner Partnerin beitragen. Sie ist immer auf ihre eigene Schönheit angewiesen.

Männer, denen es bei ihrer Annäherung lediglich um eine begrenzte Affäre geht, streben natürlich auch nach einer attraktiven Frau. Wir können aber davon ausgehen, dass sie weniger Zeit und Aufwand in den Erfolg ihrer Bewerbung investieren werden als andere, denen es um eine nachhaltige, intensive Beziehung geht. Die Frau wird diese Haltung nicht ohne Weiteres akzeptieren, denn auch für den Fall, dass sie zu einer kurzzeitigen Beziehung bereit sein sollte, wird sie vom Partner immer mehr Bemühung und Zeitaufwand erwarten, auch weil sie stets rein körperlich, aber eben auch seelisch mehr einsetzt und mehr riskiert als der Mann. Sie will, was auch immer sie an dem Partner reizt, stets sicher sein, dass sie ihm etwas wert ist.

Der soziale Status des Mannes spielt eher für eine langfristige Partnerschaft eine Rolle. Die rasche Befriedigung sexueller Bedürfnisse dagegen fragt nicht nach dem materiellen Hintergrund. Dennoch überschneiden sich die Signale für beide Voraussetzungen natürlich. Starke Schultern, gesunde Zähne, sonnengebräunter Teint, attraktives Outfit erleichtern die Annäherung unter beiden Prämissen. In einer auf Dauer angelegten Beziehung wird auch die Treue der Partner zueinander zum Thema. Dabei sind die Männer in höherem Maße auf die Treue der Frau angewiesen, weil sie sich nie ganz im Klaren darüber sein können, ob die Kinder, die eine Frau zur Welt bringt, auch wirklich alle von ihm stammen. Die Treue des Mannes ist dagegen eine Frage von eher sozialer Bedeutung. Denn die Frau weiß auf jeden Fall genau, dass alle ihre Kinder tatsächlich ihre eigenen sind. Ihr bedeutet die Treue des Partners vor allem, dass er sie noch liebt oder jedenfalls versorgt. Sie will sich auf sein Versprechen verlassen können. Das klingt nicht sehr romantisch, aber die allgemeine Erfahrung zwingt uns, die zum

Sie lässt ihre Achsel sehen und streichelt ihr Haar. Beides sind erotische Signale. Doch da sie den direkten Augenkontakt vermeidet, sehen Ihre Bewegungen wie zufällig aus.

Teil biologischen, zum Teil sozialen Veränderungen, denen lang andauernde Beziehungen unterworfen sind, im Auge zu behalten.

Beziehungsrhythmus und kleine Signale

Sachliche Interessen gibt es ganz selbstverständlich schon am Beginn aller Annäherung. Ausschlaggebend aber sind eben doch die romantischen Vorstellungen der Verliebten. Sie wollen einander gleichen und versuchen deshalb, in einen gemeinsamen Gefühls- und Lebensrhythmus zu kommen, der sich ganz konkret in einem gemeinsamen Bewegungsrhythmus niederschlägt. Gefühle stimulieren wie bereits erwähnt Bewegungen. Hier ist der Umkehrschluss erlaubt, dass Bewegungen auch Gefühle stimulie-

Zufällig erscheinende Bewegungen ziehen die Aufmerksamkeit auf bestimmte Körperpartien, wie hier zu ihrem Dekolletee.

ren. Verliebte übernehmen gern den Tonfall, den Sprachrhythmus des Partners, genauso, wie sie Vorlieben und Gewohnheiten mit ihm teilen wollen. Gemeinsame Bewegungen erwecken bei den Partnern ähnliche Gefühle, erzeugen Harmonie, so wie man es bei Turniertänzern scheinbar vorbildhaft synchronisiert zu sehen bekommt. Im Beziehungsrhythmus verliebter Paare wird sich das Reglement einstudierter Tänze schnell verlieren, denn in der Phase der Verliebtheit werden die Gefühle rasch stimuliert und der Bewegungsdrang steigert sich, gleichgültig, ob wir stehen, sitzen oder liegen. Jede Bewegung kann dem anderen bedeutungsvoll erscheinen: jedes Aufstehen, jede Drehung des Körpers. Die Frau braucht nur ihren Rock zurechtzuziehen, ihre Bluse zu richten oder die Beine übereinander schlagen, ob sie es absichtsvoll tut oder nicht, der Partner kann es als ein erotisches Versprechen deuten, das natürlich nicht unbedingt eingelöst werden muss, wie der hochrutschende Minirock und der Blick auf die Schenkel es vermuten lassen. Wenn sie durch ihr Haar streicht – will sie damit sagen: »Sieh her, wie schön mein Haar ist!« All die kleinen Bewegungen lösen den inneren Gefühlsstau in ihr ein wenig auf und steigern den des Mannes. Auch aufzustehen und durchs Zimmer zu gehen, vielleicht ganz nah am Partner vorbei, kann als kleine Demonstration von Weiblichkeit gedacht sein oder so empfunden werden. Jedenfalls bedeutet es einen Verzicht auf Distanz.

Männer verhalten sich ganz ähnlich, wenn sie einen Gefühlsstau in sich auflösen möchten. Sie verschaffen sich Bewegung. Das kann geschehen, indem sie ihre Stimme aktivieren, lauter zu sprechen beginnen oder ihre Rede durch ausholende Bewegungen und ein Siegerlächeln begleiten. Damit versuchen sie, Dominanz zu beweisen. Die eigene Unsicherheit, die jeden befallen kann, wird überspielt. Das ist ein wichtiger Vorgang, denn Unsicherheit hemmt die Bewegung. Angst vor dem Risiko kann im äußersten Fall zum Bewegungsstillstand führen, zu einem für alle Annäherung hoffnungslosen Zustand der Abschottung.

Eine Frau hat in diesem Spiel von Annäherung und Widerstand bessere Karten. Ihre Zurückhaltung verringert das eigene Risiko und gibt ihr am Ende doch die Chance, mehr zu gewähren, als sie selbst anbieten musste.

Was ich über den Beziehungsrhythmus beim Tanzen gesagt habe, gilt genauso für das Gespräch miteinander. Die Entdeckung gleicher Interessen, gleicher Vorlieben erleichtert die Annäherung und stärkt das Gefühl der Zusammengehörigkeit, aber immer nur so lange, bis sich das alte Ego wieder meldet und wir der bloßen Übereinstimmung als Stimulierung überdrüssig werden. Wir beginnen, uns wieder abzugrenzen. Nun ist Toleranz gefragt, und es muss heißen: »Ich liebe sie/ihn trotz der Unterschiede, die wir plötzlich festgestellt haben. Es bleiben genügend Gemeinsamkeiten.« Wenn es noch besser kommen soll, müsste es sogar möglich sein, den andern auch gerade wegen seiner Eigenwilligkeit und Andersartigkeit zu lieben. Dennoch bleibt Synchronisation für ein Zusammenleben unerlässlich, Lebens- und Bewegungsrhythmus müssen in Gleichklang gebracht werden. Das ist die Voraussetzung. Dann aber sollte auch ein Freiraum für einen gelegentlichen Rhythmuswechsel gegeben sein, um zum eigenen Ich zurückfinden zu können.

Unfreiwillige Signale von Annäherung und Distanz

Unser Körper ist die größte Plaudertasche, die man sich vorstellen kann. Er hört nie auf, Signale zu geben. Wir müssen uns eingestehen, dass wir keineswegs immer wissen, was unser Körper einem anderen signalisiert, und vor allem nicht, was dieser andere versteht. Zwar versuchen wir, auch ganz bewusst Signale auszusenden, richten sie jedoch nicht in jedem Fall auf eine bestimmte Person. Zeigen zwei Männer Interesse an ein- und derselben Frau, und sie lächelt einen der beiden an, so enthält ihr Lächeln zwei konträre Botschaften: Für den einen ein Ja, denn sie akzeptiert seine Annäherung, für den anderen ein Nein, denn sie hat sich von ihm abgewandt.

Wir legen Wert darauf, gut angezogen zu sein und damit einen positiven Eindruck zu machen. Vielleicht kommt es uns darauf an, einen ganz bestimmten Menschen damit zu beeindrucken, unsere Erscheinung aber wirkt auf alle, auch auf diejenigen, die gar nicht gemeint sind. Warum sage ich das? Ich will es an einem Beispiel aus einem ganz anderen Feld erklären: Wir sind beim Arzt. Er nimmt in Anwesenheit eines Patienten einen Laborbericht zur Hand. Sein Blick signalisiert Unzufriedenheit, er schüttelt den Kopf, blickt dann auf, lächelt den Patienten an und sagt: »Ich bin sehr zufrieden, wir können die Therapie beenden.« Der Patient ist besorgt, er glaubt dem Arzt kein Wort. Was hatte sein unzufriedener Gesichtsausdruck von vorhin zu bedeuten? Aus der Sicht des Arztes aber galt der missbilligende Blick gar nicht dem Patienten, sondern der Laborantin, der er schon mehrfach gesagt hatte, sie möge ihre Berichte in einer anderen Form vorlegen. Der Patient kann davon nichts ahnen und reagiert entsprechend beunruhigt. Körpersprache wird stets hier und jetzt in ihrer Aussage wahrgenommen.

Die Beispiele solchen Missverstehens sind vielfältig. Es gibt Menschen, für die es Teil ihrer Weltanschauung ist, von sich zu sagen: »Ich bin ein kritischer Mensch!« Häufig frage ich dann nach: »Und ein glücklicher auch?« Manche Menschen tragen gewohnheitsmäßig eine finstere Miene zur Schau, kreuzen die Arme vor der Brust und wenden womöglich auch noch den Kopf von allem Geschehen ab. Welchen Grund diese Haltung auch haben mag, für jemanden, der nah an ihnen vorbeigeht, bietet er alles andere als ein einladendes Bild. Ist er sensibel genug, nimmt er diese Körperhaltung als eine Absage an seine Person und wagt es nicht, Kontakt zu dem anderen aufzunehmen, obwohl er ihn vielleicht gern etwas gefragt hätte. Dabei hatte der andere womöglich gar nicht vor, sich von dieser speziellen Person abzuwenden, sondern er handelte ganz allgemein ohne gezielte Absicht. Er saß ganz einfach in Gedanken versunken auf seinem Platz.

Wer sich daran gewöhnt hat, seinen Kopf gerade zu halten, signalisiert unabsichtlich Konfrontationswillen, einfach, weil er, wie viele kleine Jungen, nach dem Motto erzogen wurde: »Ein Mann, ein Wort« – »Steh gerade! Wackle nicht so herum!« Denn dieser Haltung haftet die Vorstellung an, jemandem »die Stirn zu bieten«, sich also auf Konfrontationskurs zu befinden. Wer sich dieser Wirkung nicht bewusst ist, kann leicht für Irritationen sorgen. Es gibt das Beispiel eines Unternehmers, dem die Berater empfohlen haben, für eine bessere Kommunikation mit den Mitarbeitern die Tür seines Büros offen stehen zu lassen, der sich allerdings wundert, dass trotzdem keiner zu ihm hereinzukommen wagt. Solange er aber in seiner anerzogenen Konfrontationshaltung hinter seinem Schreibtisch thront, wird er das Distanzverhalten der Mitarbeiter nicht ändern können. Vielleicht denkt er auch: »Meine Leute haben offenbar keine Probleme!« In Wahrheit beginnen die Probleme bei ihm und dem Signal, das von ihm ausgeht. Dabei hätte es gereicht, wenn er seinen Kopf nur ganz leicht zur Seite geneigt hätte. Schon wäre das Bild von Konfrontation und Kampfbereitschaft verschwunden und hätte einer positiven Aussage Platz gemacht.

Es gibt Menschen, die im Gespräch die Augen senken, und zwar ausgerechnet am Ende eines Satzes, wenn der Blickkontakt zum Partner am wichtigsten ist. Der gesenkte Blick schwächt die Wirkung eines Arguments, und vielleicht steckt ja auch der Wille dahinter, dem anderen die eigene Meinung nicht aufdrängen zu wollen. Der Eindruck aber, der entsteht, sagt eher aus, dass er um seine Idee nicht kämpfen will oder sich nicht die Zeit nimmt, die nötig ist, damit sich seine Aussage bei den Zuhörern festsetzen kann. Vielleicht will er nur schnell zum nächsten Absatz seines Konzeptes kommen, und sei es auch auf Kosten der emotionalen Wirkung seiner Worte. Es fällt schwer zu unterscheiden, ob sich darin Rücksichtnahme spiegelt oder die Befürchtung, dem anderen wirklich nahezukommen, und zwar zu nah.

Häufiger begegnet uns der Wunsch nach Nähe in ganz unverhüllter Form. Schon bei der Begrüßung kommt uns der andere sehr nahe (kürzere Entfernung als eine Armlänge) oder er rückt im Laufe des Gesprächs ständig näher. Dahinter versteckt sich entweder eine übermäßige Neigung zur Dominanz, die erzwingen will, in die intimsten Zonen des Partners einzudringen, ohne dessen Abwehr fürchten zu müssen, oder eine beinahe krankhafte Sehnsucht, zu seinem engsten Kreis zu gehören. Deshalb kann er nicht warten, dass ihm der Zugang freiwillig eröffnet wird. Viele Menschen entwickeln gar kein Gefühl dafür und es überrascht sie, dass sie, statt Nähe zu erreichen, Distanz schaffen. Denn der andere wird sich verschließen oder den Bewerber einfach stehen lassen.

Missverständnisse und Irrtümer zwischen Menschen entstehen also aus einem einfachen Grund: Es ist uns oft nicht bewusst, dass wir, wo wir gehen und stehen, auf der Straße, in Gesellschaft und natürlich auch am Arbeitsplatz, unbewusst Signale aussenden, die zum Teil auch erotischer Natur sind. Einige Beispiele: Eine Frau trägt, weil sie es schön findet oder weil es gerade Mode ist, ein offenherziges Dekolleté. Sie denkt sich nichts dabei. Ein Mann jedoch, der ihr begegnet, könnte sich sehr wohl etwas dabei denken und es als Einladung begreifen. Er macht also einen Annäherungsversuch, was er hätte unterlassen sollen. Denn als Einladung war das Outfit der Frau nicht gemeint, und schon gar nicht als Einladung an ihn. Das Signal hat es zwar gegeben, doch ohne Ziel. Der Mann verstand es also falsch. Ebenso harmlos will es uns erscheinen, wenn sich von einem Sommerkleidchen ein Spaghettiträger löst und von der Schulter einer Frau rutscht. Dennoch könnte ein Mann, bereits inspiriert von der schlanken Figur der jungen Frau, es als Signal begreifen: »Schau, sie ist schon halb ausgezogen!« Schon ist er versucht, auf dieses Angebot, das keines ist, einzugehen.

Es geht hier und in vielen anderen vergleichbaren Fällen eigentlich um ungewollte Herausforderungen sexuellen Verlangens. Scheinbar eindeutig erotische Signale erweisen sich als reine Modeerscheinungen. Männer sollten eigentlich wissen, dass Frauen in der Regel keine Einladungen zur Annäherung aussenden, und sie sollten abwarten können, ob ein Augenkontakt ihnen Bestätigung oder jedenfalls Hoffnung gibt. Aber auch ein Blick muss noch nichts bedeuten. Doch wer ließe sich nicht gern einmal täuschen?

Der Minirock zum Beispiel, von Zeit zu Zeit unvermeidliche Modeerscheinung, hat seine erotische Nebenwirkung nie ganz verloren. Er zieht den Blick unweigerlich auf die Beine und auf die Schenkel der Frauen. Je höher der Saum rutscht, umso höher folgen ihm die Blicke und nähern sich damit immer mehr der intimsten Zone einer Frau. Unweigerlich werden sexuelle Impulse beim Mann stimuliert. Natürlich weiß jeder halbwegs bewusst denkende Mensch, dass es sich nur um Mode handelt, um Schönheit und, wenn überhaupt, um ein Spiel mit den erotischen Reizen einer Frau und keineswegs um eine Aufforderung zur Annäherung. Die anregenden Impulse sind dennoch nicht zu leugnen und müssen leider unterdrückt werden. Es sei denn, die Gewöhnung hat den Reiz besiegt. Frauen übrigens, die sich der möglichen Wirkung ihres sehr kurzen Röckchens insbesondere im Sitzen plötzlich erschrocken bewusst werden und nervös daran zu zupfen beginnen, können dem Reiz ungewollt neuen Auftrieb verleihen. Denn unfehlbar zieht die Handbewegung den Blick auf das, was sie ihm verbergen sollte.

Zu Recht vermeiden die meisten Frauen die Sitzposition mit leicht geöffneten Schenkeln, weil sie wissen oder spüren, dass sie von manchen Männern, vor allem, wenn sie ihnen unmittelbar gegenübersitzen, als Aufforderung verstanden werden könnte. Die heutige Jeansmode erlaubt auch in dieser Hinsicht größere Bewegungsfreiheit.

Die Saumlänge der Röcke bestimmte schon vor Zeiten die Grenze, bis zu der die Blicke der Männer auf die nackte Haut der Frauen gehen durften. Es galt schon als Fortschritt, als die Knöchel sichtbar wurden. Nach und nach wanderte die Freiheit bis zu den Knien hinauf. Heute spaziert der Blick freizügig nach oben und durch die bauchfreien T-Shirts junger Mädchen hat sich ihm ein neues Fenster aufgetan.

Freizügige Mode betont ganz selbstverständlich die sexuellen Attribute von Mann und Frau, wobei Frauen auf natürlichste Weise bevorzugt sind. Im Grunde weiß jeder, dass sie eine Signalwirkung haben, auch haben sollen, diese Signale jedoch nicht gezielt abgeschickt werden. Sollen sie einem Partner gegenüber bewusst eingesetzt werden, brauchen sie die Unterstützung durch Blickkontakt und Zeichen verbaler oder nichtverbaler Art. Dennoch sollten wir uns nicht all zu sehr wundern, wenn sie einmal missverständlich auf jemanden wirken, für den sie eigentlich nicht bestimmt waren. Vielleicht ist einmal ja auch ein Glückstreffer darunter. Eine allgemeine Mode übrigens stumpft mit der Zeit das Auge und die Fantasie der Menschen ab. Die Wirkung der Signale, die sie aussendet, erlahmt.

Als starke sexuelle Attribute der Frau, und nicht nur der Frau, werden, auch von der Wissenschaft, die Pobacken angesehen. Desmond Morris hat zum Beispiel darauf hingewiesen – und hier geht es nun um die rückwärtigen Reizwirkungen des männlichen Körpers –, dass die Begattung bei den Menschen der Urzeit wie bei den Tieren erfolgte, indem der männliche Partner von hinten agiert. Der Grund dafür war, dass der Mann auch während des Geschlechtverkehrs in der Lage sein musste, mögliche Feinde im Auge zu behalten. Bei unseren frühen Verwandten, den Affen, lässt sich die sexuelle Bedeutung des Hinterteils durch die farbige Markierung einleuchtend nachvollziehen. Auch bei uns Menschen wird ein hübscher Po also zu Recht als ein erotisches Attribut verstanden. Es ist ja auch aufschlussreich, was Desmond Morris über die Herzform, die wir als Liebessymbol verwenden, zu sagen weiß. Sie habe mit der Gestalt des Herzens in unserer Brust so gut wie nichts zu tun, sondern entspreche genau dem Bild, das die Pobacken einer auf dem Bauch liegenden Frau abgeben. Mit engen Hosen und engen Kleidern betonen wir unseren Po also nicht ohne Grund. Wir erinnern uns an Zeiten, in denen junge Mädchen mit ihren Jeans in die mit Wasser gefüllte Badewanne stiegen, weil sie so eng wie möglich anliegen und die Körperform, vor allem aber den Po wirkungsvoll abzeichnen sollten. Männer machten es nicht anders. Dabei lässt es die enge Hosenmode kaum zu, dass das männliche Glied einfach nach unten hängt, wie es die langen Gewändern früherer Zeiten oder heute bei arabischen Stämmen oder Beduinen ohne Weiteres zulassen. Enge Jeanshosen zwingen Männer, ihr Geschlechtsteil hinter dem Reißverschluss hochzuziehen, und es entsteht der Eindruck, als befinde es sich im Zustand der Erregung. Diese Mode ist nichts Neues. In der Renaissance trug man an Männerhosen eine Art Stoffattrappe, die ein prächtiges Gemächt immerhin andeutete. Übrig geblieben davon ist heute oft eine Ziernaht über dem Reißverschluss.

Bequem ist die Männermode der engen Hosen nicht. Meist sitzen die Genitalien eingezwängt im engen Beinkleid, und viele modebewusste Männer suchen Erleichterung darin, dass sie korrigierend an die Hosenöffnung greifen und damit ungewollt die Blicke auf die bewusste Stelle lenken. Dies zählt zu den durchaus unfreiwilligen Signalen. Nur können wir nichts dagegen unternehmen, dass auch sie ihre Wirkung haben. Umgekehrt sollten wir Verständnis haben, wenn andere unsere unfreiwilligen Signale für bare Münze nehmen, sie also gründlich missverstehen. Empfangen wir selbst Signale, ohne deren Intention oder besser gesagt die Intention ihres Absenders genau erkennen zu können, sollten wir uns mit Annäherungsversuchen, zumal handgreiflicher Art, zurückhalten, bis wir Klarheit über ihre Absicht gewonnen haben.

Die Macht der Gewohnheit – Nähe und Distanz im Alter

In lang währenden Partnerschaften wiederholt sich der Zustand des Pendelns zwischen geliebter Nähe und erwünschter Distanz von Zeit zu Zeit. So schön es ist, wenn Harmonie und Gleichklang das Zusammenleben bestimmen, birgt es doch die Gefahr, dass sich die beiden Partner auf die Dauer nicht mehr aufmerksam und genau wahrnehmen. Es ist die Gewohnheit, die unser Leben nach und nach bestimmt, wie ein Fluss, der ohne Hindernisse dahinströmt. Ein solches Strömen strahlt Ruhe und Gelassenheit aus. Wir sehnen uns danach, insbesondere nach anstrengenden Arbeitstagen, die uns alles abverlangt haben. Aber wie sieht es aus, wenn man nicht mehr zur Arbeit geht und der Alltag nur noch von diesem Fluss und der Ruhe geprägt ist, Tag für Tag? Es lähmt die Sinne. Wir nehmen die Ruhe gar nicht mehr bewusst wahr, sie ist einfach da: immer. Es scheint keine Veränderung mehr zu geben, keine Bedrohung, keine Überraschung, keine Freude und damit kein Gefühl und keine Bewegung. Viele nennen es einfach Langeweile. Jetzt bedürfen wir dringend einer Veränderung. Sie kann von außen kommen oder von innen. Irgendetwas muss uns wachrütteln, etwas, das uns berührt, damit wir die Welt und uns selbst wieder wahrnehmen und schätzen lernen. Das gilt für den Einzelnen wie für beide Partner. Die Neugier aufeinander ist verloren gegangen. Wir übersehen Veränderungen des Partners, wir überhören sein kleines Aufbegehren. Denn wir glauben ja zu wissen, wie er ist: »Ich weiß ja, was er/sie will!« Sätze wie diese allein genügen, um jede Wahrnehmung zu blockieren. Es ist schön, verstanden zu werden, ohne ein Wort sagen zu müssen, aber wo bleibt die Lust auf Erneuerung? Und kennen wir unseren Partner wirklich so gut? Verändern wir uns nicht von Natur aus immer wieder, allein schon weil wir älter werden? Unsere Bedürfnisse und unsere Prioritäten wandeln sich. Solange wir in der Routine gefangen sind, ändern wir gar nichts. Mit den Jahren sollten wir noch einmal über uns hinauswachsen. Haben wir das einmal begriffen, raffen wir uns vielleicht eines Tages auf. Nun hören wir unseren Partner: »Was ist denn mit dir los?

Kein schöneres Bild als zwei ältere Menschen, die es sich bewahrt haben, ihre gegenseitige Zuneigung durch Berührung auszudrücken! Dabei bedürfen wir alle, ob jung oder alt, der körperlichen Berührung.

So warst du doch nie!« Dann haben wir versäumt, den Partner mitzunehmen. Unser Bedürfnis nach Distanz war zu heftig. Vielleicht haben wir den Partner, der uns so vertraut vorkam, nicht mehr wiedergefunden? Viele Paare haben sich nämlich in den Jahren auseinandergelebt, ohne es überhaupt zu bemerken. Hatte er sie wirklich über dreißig Jahre hinweg »Mausi« genannt? Vielleicht wollte sie längst nicht mehr »Mausi« sein, vielleicht hegte sie längst andere Ideen und andere Interessen, hatte aber aus Angst, er würde sie nicht mehr lieben, wenn sie aufhörte, »Mausi« zu sein, nichts davon verlauten lassen? Wenn sie aber weiter »Mausi« spielt, entfernt sie sich damit unvermeidlich von sich selbst, und die Frage lautet nun: Wer ist die Frau, die dem alten Partner nun nah bleibt? Ist sie nur eine Schauspielerin, die ihre Rolle weiterspielt? Jedenfalls würde sie ihre eigene Entwicklung blockieren.

Wenn beide Partner in einem solchen Fall entdecken, dass sie sich jeweils unausgesprochen nach einer Veränderung sehnen, dann könnte sich eine neue, produktive Gemeinsamkeit entwickeln. Hat einer der beiden allein den Willen aufgebracht sich zu ändern, ist der andere fast gezwungen, mit ihm zu gehen. Kann das gut gehen? Denn sobald sich einer der beiden verändert, leuchtet beim anderen sozusagen eine rote Ampel auf: »Passe ich noch in sein neues Bild? Komme ich noch mit oder bleibe ich zurück?« Nur wenn sich beide zusammen auf den Weg machen und neue gemeinsame Erlebnisse schaffen, die den Zusammenhalt dynamisch und das heißt lebendig halten, kann es für die Partnerschaft und den Einzelnen ein Fortschritt sein. In jedem anderen Fall fühlt sich der eine vom anderen verlassen. Es gibt keine Nähe mehr. Der seelischen Distanz folgt die körperliche. Die Beziehung ist praktisch tot. Es folgt nun oft der vergebliche Versuch, die verloren gegangene Nähe beim Partner einzufordern, und zwar unter Berufung auf die alten Zeiten, als ob diese ein Gewohnheitsrecht begründet hätten. »Das hast du immer für mich getan! Warum tust du es jetzt nicht mehr für mich?« Ist die Veränderung beispielsweise, dass die Frau wieder berufstätig geworden ist, was sie einmal um der Gemeinschaft willen aufgegeben hatte, wird der Mann sich beklagen: »Früher hast du immer für mich gekocht. Jetzt rennst du in dein Büro!« Jedenfalls werden sich in sehr vielen Fällen, in denen die Nähe zerbrochen ist, die Verbindung aber möglicherweise aus existenziellen oder anderen praktischen Gründen aufrechterhalten wurde, die kleinen Streitfälle vermehren. Zwar schafft auch Streit eine gewisse Nähe, denn zu streiten heißt immerhin noch, den Versuch zu unternehmen, die Bindung zu erhalten, aber über einen längeren Zeitraum ist es zermürbend. Es handelt sich um lauter kleine Hilferufe und es wäre an der Zeit, neue Wege der Gemeinsamkeit zu finden, neue Interessen, die man miteinander teilen könnte.

Deshalb ist es so wichtig, dass wir nicht aufhören, danach zu fragen, was unserem Partner gefällt, was ich tun kann, um für ihn noch ein ästhetisches Vergnügen zu sein, dass ich ihn noch überraschen kann und neue Möglichkeiten entdecke, die uns beide interessieren und beschäftigen können. Eine langjährige Partnerschaft verlangt permanente Aktivität, die Gemeinsamkeit zu erneuern, um miteinander wach zu bleiben, sich die Neugier zu erhalten und sich die tägliche Routine vom Hals zu halten, so gut es geht.

Natürlich muss es uns auch ein Leben lang darum gehen, uns selbst zu entdecken, uns selbst auszuprobieren. Auch der Flirt kann nun wieder zu seinem Recht kommen. Ganz prosaisch gesagt, tut es doch manchmal gut, seinen Marktwert zu testen und sich sagen zu können: Ich kann noch Aufmerksamkeit auf mich ziehen. Ich kann noch Männer/Frauen faszinieren. Vielleicht tut es auch dem eigenen Partner manchmal gut, dass der oder die Liebste noch »ankommen«. Es soll gar nicht Eifersucht erzeugen, sondern lächelnde Wertschätzung. Auf der anderen Seite könnte ein wenig Eifersucht den Partner aus der Routine wecken. »Warum nicht auch wieder einmal flirten, wieder spielen, wieder ein Risiko eingehen?« Denn Routine verleiht nur eine scheinbare Sicherheit, die in einen Dornröschenschlaf führt. Gefühle und Leidenschaften können jedoch nur durch Bewegung wieder geweckt werden. Aber wir werden alt und alt zu werden kann schön und weniger schön sein, wobei ich nicht von Krankheiten spreche. Der Ruhestand kommt auf uns zu. Das Bedürfnis nach Ruhe entsteht ganz von selbst, da die physischen Kräfte abnehmen. Wir bringen nicht mehr ganz so viel körperliche Energie auf wie früher. Die Verlangsamung der Bewegungen kann dazu führen, dass es uns schwerer fällt, mit anderen Schritt zu halten, mit ihnen den gleichen Rhythmus zu teilen. Man zieht sich ein wenig zurück, weil das Gefühl, den anderen vielleicht zur Last zu fallen und nicht mehr an der Dynamik des Alltags teilnehmen zu können, Überhand gewinnt. Dieser Weg führt in die Isolation, die Distanz bedeutet.

Einsamkeit

Mit dem Verfall der Großfamilie als soziale Gemeinschaft ist das Leben älterer Leute einsamer geworden. Sie leben nicht mehr in einem Familienverband, sondern allein. Kinder und Enkelkinder kommen gerade noch einmal zu Besuch und schon machen sie sich wieder davon. Eine wirkliche Nähe, die durch das gemeinsame Familienleben und die Funktionen entstand, die der alte Mensch darin erfüllen durfte, entsteht nicht allein dadurch, gelegentlich als Babysitter gebraucht zu werden.

Die Distanz, die sich mit den modernen Lebensverhältnissen entwickelt hat, kann dazu führen, dass der ältere Mensch in die Isolation gerät. Dabei braucht auch er ebenso Austausch und Bestätigung wie die Jüngeren. Denn Eitelkeit und das Bedürfnis nach Anerkennung verringern sich mit dem Altern keineswegs, im Gegenteil, sie nehmen zu. Natürlich versucht fast jeder, die eigenen Schwächen zu verbergen. Wer nicht mehr so gut hört, vermeidet es womöglich, ein Hörgerät zu tragen, weil es sichtbar auf sein Manko hinweisen könnte. Diese Scheu hat zum Ergebnis, dass man von Gesprächen nur noch Teile mitbekommt, was sich noch stärker auswirkt, weil der Sprechrhythmus der jungen Generation sich gegenüber früheren Zeiten auch noch beschleunigt hat. Also verringert sich die Möglichkeit zur aktiven Teilnahme.

Den Jüngeren wäre es natürlich möglich, den Älteren aus ihrer Isolation herauszuhelfen, indem sie beispielsweise Fragen stellen, selbst etwas langsamer oder etwas lauter sprechen – am besten, ohne nachzufragen, ob es jetzt langsam oder laut genug sei. Rücksichtnahme ist das Stichwort. Fragen ermuntern zur aktiven Teilnahme, Aufgaben, die man den Älteren überträgt, stärken das Selbstbewusstsein, erneuern das Gefühl, gebraucht zu werden. Ganz wichtig im Sinne einer Beteiligung der älteren Menschen am gemeinsamen Leben ist es, sie zu ermuntern, aus ihrer Vergangenheit und ihren Erfahrungen zu erzählen. Und ob man es glauben will oder nicht: Wir können tatsächlich etwas daraus lernen.

Kleine Berührungen erzeugen am allerbesten und am einfachsten das Gefühl von Nähe, das gilt für Jung und Alt und wird nie aufhören, wirksam zu sein.

Bleibt ein Partner schließlich allein zurück, dürfen wir nicht tatenlos zusehen. Niemand berührt sie mehr, es sei denn, wir zählten die notwendigen, aber meist unerwünschten Berührungen mit, die medizinische Versorgung mit sich bringt. Wir brauchen aber die freiwillige und gewünschte Berührung, unsere Haut bedarf ihrer, um lebendig zu bleiben, denn Berührung vermittelt Nähe. Könnte das der Grund dafür sein, dass ältere Leute sich in der Öffentlichkeit häufig durch eine Menschenansammlung drängen? Steckt darin der versteckte Wunsch, Berührung zu spüren, Menschen zu spüren? Und gehen sie auch deshalb zum Arzt, weil sie damit rechnen können, im Wartezimmer nicht allein zu sein, sondern auf Mitmenschen zu treffen? Man kann sich unterhalten, in Zeitschriften blättern, und so wird auch eine längere Wartezeit ohne Verstimmung hingenommen. Vielleicht ist dann schließlich doch die Berührung eines verständnisvollen Arztes gefragt, der den Puls misst, den Rücken abklopft, den Patienten an die Hand nimmt, kurz, das Berührungsbedürfnis auf sanfte Art stillt.

Es gibt noch andere »Berufsberührer«, deren Berührungen diese Sehnsucht stillen: etwa Friseure und Masseure. Wer allein ist, und es sich leisten kann, wird sich also häufiger als eigentlich nötig frisieren und massieren

Alleinstehende Menschen, besonders ältere, brauchen die kleinen körperlichen Berührungen.

lassen. Auch so lässt sich der Mangel an Berührung jedenfalls zeitweise beheben. Erfreulicherweise existiert heute eine breite Palette von Angeboten für ältere Menschen, die ihre verpflichtende Lebensarbeitszeit hinter sich haben, aber weiterhin tätig bleiben wollen. Das Seniorenstudium zählt ebenso zu den viel genutzten Möglichkeiten wie sportliche Aktivitäten oder handwerkliche und künstlerische Lehrveranstaltungen und Kurse etwa für Töpfern oder Zeichnen und Malen. Eigentlich ist endlich Zeit für alles, was während der Berufstätigkeit oder Familienbetreuung vernachlässigt werden musste. Kunst- oder Städtereisen, Wanderfahrten, ja Weltreisen gehören zu den beliebtesten Unternehmungen heutiger Senioren. Die Chaträume im Internet können auch für ältere Menschen zum Podium für Kommunikation ausgebaut werden, beispielsweise mit einer Rubrik »Rat der Weisen«, in der jedermann Fragen aus allen möglichen Lebensgebieten stellen kann, über die ältere Menschen aus ihrer Erfahrung etwas zu sagen, etwas zu verschenken haben. Das alles bringt Freude und Bezug zum Leben.

Wem die physische Bewegung versagt oder nur schwer zu erlangen ist, dem bleiben dennoch ein paar Dinge als Ersatz. Ich habe anfangs schon die wohltuende Wirkung weicher Stoffe erwähnt, ein Mantel oder ein Plaid oder dergleichen und auch die Gefühlsschmeichler wie Fernsehen und Kino können eine positive Wirkung haben. In diesem Zusammenhang möchte ich auch noch einmal auf die Identifikation mit den Stars des Showgeschäfts zurückkommen und deren psychisch-physische Wirkung beschreiben.

Im England der Sechzigerjahre gab es einen berühmt gewordenen Fall: Eine Sendung, die sich *Meet Your Stars* nannte, ermöglichte es ganz normalen Bürgern, ihrem Lieblingsstar in einer Live-Sendung persönlich zu begegnen. Eine alte Dame wünschte sich, einen bestimmten Fernsehmoderator zu treffen. Als sie einander gegenübersaßen, war ihre erste Frage: »Wie gefallen Ihnen die neuen Gardinen in meinem Wohnzimmer?« Der Moderator reagierte irritiert. Er war doch noch nie in ihrer Wohnung gewesen! Ihm konnte nicht bewusst sein, dass die alte Dame in diesem Moment die Grenzen der Realität übersprungen hatte. In ihrem Geist war der Moderator mit seinem Programm selbstverständlich jedes Mal in ihrer Wohnung zugegen gewesen. Da sie neue Vorhänge hatte, war ihre erste Frage deshalb ganz natürlich: »Wir gefallen Ihnen die neuen Gardinen?«

Wie man sich vorstellen kann, hat sich die Psychologie dieses Falles angenommen, und es zeigte sich dabei, dass es sich hier keineswegs um einen Einzelfall handelte. Die Flucht in eine Pseudo-Intimität mit ihrem »Helden« ist ein bekanntes Einsamkeitssyndrom.

Nachwort

Nähe und Distanz. Unaufhörlich stehen wir auf der Schaukel, die bedeutet: Ich möchte das Ich und brauche das Du. Kaum habe ich die Grenzen um mein Ich errichtet, empfinde ich die Sehnsucht nach Austausch. Als menschliche Wesen brauchen wir den Austausch mit anderen, jenes kosmische Gesetz, von dem ich anfangs gesprochen habe. Ohne Austausch verkommen wir. Und so werden wir bis zu unserem letzten Tag zwischen dem Wunsch nach Nähe und dem Bedürfnis nach Distanz pendeln. Wir werden stets von Neuem lernen müssen, das Nein des anderen zu respektieren, aber zugleich werden wir nicht aufhören, uns zu wünschen, den Augenkontakt, die Umarmung, die menschliche Wärme auf immer zu spüren. Auch geistige Nähe kann unser Herz erwärmen. Körperlich werden wir dem Partner nicht immer nah sein können, doch solange unser Gefühl für einander aktiv ist und wach bleibt, werden wir die innere Nähe zu den Menschen, die uns wichtig sind, bewahren können.

Kontaktadresse

Joram Harel Management
Email: office@harel.at

Publikationen
von Prof. Samy Molcho

CD/DVD-Rom

United Soft Media Verlag GmbH

Mit Körpersprache zum Erfolg 3.0 – DVD-Rom
ISBN 978-3-8032-1561-7

Mit Körpersprache zum Erfolg 2.0 – DVD-Rom
ISBN 978-3-8032-1560-9

Mit Körpersprache zum Erfolg – CD-Rom
ISBN 978-3-8032-1504-8

DVD

mvgVerlag

Samy Molcho live – DVD
ISBN 978-3-636-07154-8

Bücher

Amalthea Signum Verlag

… und ein Tropfen Ewigkeit
Mein bewegtes Leben
ISBN 978-3-85002-612-3

**Penguin Random House Verlagsgruppe GmbH
Mosaik bei Goldmann**

Körpersprache
ISBN 978-3-442-12667-5

Alles über Körpersprache
ISBN 978-3-442-39047-2

Körpersprache der Promis
ISBN 978-3-442-39038-0

**Penguin Random House Verlagsgruppe GmbH
Ariston Verlag**

Körpersprache der Kinder
ISBN 978-3-7205-2510-7

Körpersprache des Erfolges
ISBN 978-3-7205-2656-2

Umarme mich, aber rühr mich nicht an
Körpersprache der Beziehungen
Von Nähe und Distanz
ISBN 978-3-424-20001-0

ABC der Körpersprache
ISBN 978-3-7205-2841-2

Das 1x1 der Körpersprache der Kinder
ISBN 978-3-7205-4059-9

Territorium ist überall
ISBN 978-3-424-20243-4